Robert Montau
Nachbarschaft im Streit

Forum Psychosozial

Robert Montau

Nachbarschaft im Streit

Sozialpsychologische Erkenntnisse für die Konfliktberatung

Psychosozial-Verlag

Bibliografische Information der Deutschen Nationalbibliothek
Die Deutsche Nationalbibliothek verzeichnet diese Publikation
in der Deutschen Nationalbibliografie; detaillierte bibliografische Daten
sind im Internet über http://dnb.d-nb.de abrufbar.

Originalausgabe

info@psychosozial-verlag.de
www.psychosozial-verlag.de

Umschlaggestaltung und Innenlayout nach Entwürfen von Hanspeter Ludwig, Wetzlar
ISBN 978-3-8379-3293-5 (Print)
ISBN 978-3-8379-6150-8 (E-Book-PDF)

Inhalt

Vorwort 7

Zu Hause wohnen 9

Im Raum der Nachbarschaft 13

Konfliktlinien im Quartier 21

Zündstoffe des Streitens 33

Exkurs: Mediation und Konfliktlösung 37

Nachbarschaftskonflikte sammeln und auswerten 45

Überblendung: Der Film im Kopf 55
Die verstoßene Tochter 55
Aus der Bahn geworfen 58
Krieg in Bielefeld 60

Oben und unten: Der soziale Abgleich 65
Gefährliche Transparenz 65
Hören und gehört werden 68
Eine Dame am Pranger 70

Störungsexperten 75
Tyrannei in Hannover 75
Auf der Lauer 77

Betreten verboten 81
Fußballterror 82
Neue Heimat 85

Devianz: Der gestörte Nachbar 89
Kot im Keller 90
Kontakt durch Krawall 94

Echte Kerle: Männer als Nachbarn 99
Eine schöne Frau 99
Männer und Musik 102

Grenzen der Vermittlung 107
Diego Maradona 107
Reizgas 109

Ausblick 115

Literatur 119

Vorwort

Als Sozialpsychologe vermittelte ich zwölf Jahre zwischen streitenden Bewohnerinnen und Bewohnern von Mietshäusern. Hier beschreibe ich mit exemplarischen Fällen aus meiner Praxis, was den Streit zwischen Nachbarn[1] prägt und was da strittig ist. Die Risse im nahen Umfeld sind aber auch Miniaturen von tieferen Störungen: Wie verzehrt das Trennende das Verbindende zwischen Menschen, die nahe beieinander leben? Was steht überhaupt auf dem Spiel, wenn Nachbarn in Zwist geraten und eine Fehde anzetteln?

Sie lernen in diesem Buch 16 Nachbarschaftskonflikte näher kennen. Diese Streitfälle zeichnen sich dadurch aus, dass ich als Konfliktberater nicht helfen konnte. Sie sind also Dokumente der Grenzen meiner Fähigkeit, in Konflikten zu vermitteln. Mir diese Zerwürfnisse noch einmal genauer anzuschauen und Ihnen hier zu präsentieren, übt auf mich einen besonderen Reiz aus. Mehr als die lösbaren Fälle sondieren sie eine soziale Landschaft, die von heißer Wut und kalter Sturheit geprägt ist.

Ich versuche hier außerdem einen Einblick in typische Verläufe von Konflikten im sozialen Nahraum zu geben. In Nachbarschaften findet sich diese besondere Mischung von Gleichgültigkeit und Neugier, von Vorurteilen und Offenheit, die wir in vielen Zonen unseres Alltags erleben – vom Elternabend über den Sportverein und den Arbeitsplatz bis zu digitalen Foren. Streitfälle in dieser Grauzone zwischen privatem und öffentlichem Leben zeigen ein breites Spektrum von Verwicklung, Übelwollen und Bitterkeit.

---

1 Ich verwende in diesem Buch fast durchgängig das generische Maskulinum. Da ich diese Vorgehensweise als praktisch, aber auch als unzureichend empfinde, durchbreche ich sie gelegentlich.

Bei Streit mit Nachbarn steht oft aber mehr auf dem Spiel. Die Wohnung ist derjenige Ort in unserem Leben, wo wir Geborgenheit und Wärme suchen. Störungen in unmittelbarer Nähe rufen oft einen besonderen Zorn wach. Deshalb sind Nachbarschaften gut geeignet, um zu untersuchen, wie sich Menschen taxieren, verbünden und eben auch bekämpfen, wenn sie Grundlegendes verletzt sehen.

Da es in diesem Buch nur um das Streiten von Nachbarn geht, bleiben all die gelungenen Nachbarschaften unerwähnt, in denen Bewohnerinnen und Bewohner ihre Probleme wohlwollend miteinander klären, gegenseitig auf ihre Kinder aufpassen oder die bizarren Schrullen des älteren Herrn nebenan liebevoll tolerieren. Aber dafür offenbaren unsere Streitfälle, wie das Gift des Hasses in den Ort einsickern kann, den wir für unser Zuhause halten.

Zu Hause wohnen

Geringfügige Anlässe können zwischen Nachbarn für langwierige und ernsthafte Zerwürfnisse sorgen. Oft fragte ich mich: Wie entfaltet der Streit diese Intensität? Was ist der tiefere Boden, in dem Konflikte mit Nachbarn wurzeln? Eine erste Vermutung: Das hat etwas mit dem Ort zu tun, an dem sie stattfinden. Denn das Wohnhaus ist kein beliebiger Fleck in der Landschaft, sondern liegt im Mittelpunkt der konzentrischen Kreise, in denen Menschen ein Gefühl der Zugehörigkeit entwickeln. Schon der Arbeitsplatz, das Lieblingscafé und das Fitness-Studio sind – mental und räumlich – eine Strecke von dem Ort entfernt, wo man sich zu Hause fühlt. Deshalb beleuchten wir zunächst näher, was es überhaupt bedeutet, in einer Wohnung zu Hause zu sein. Denn der Streit mit Nachbarn berührt Bedürfnisse, deren Erfüllung uns das Wohnen verspricht.

Verletzlichkeit

Die Wohnung erlaubt uns die Verwirklichung von Daseinsformen, die außerhalb dieses Raumes kaum möglich sind, wie Nacktheit, Schlaf, Krankheit und Schwäche. Die Grenze zwischen öffentlichem und privatem Leben spiegelt sich darin, dass es Räumlichkeiten für das eine wie für das andere gibt. Im Wohnraum findet der Teil unseres Lebens statt, der den Blicken der Öffentlichkeit entzogen sein soll. Er ist das Dock für kleinere Reparaturen von Schäden an Körper und Seele. Auch unsere sozialen Rollen und Rollenrequisiten sind daran geknüpft, dass wir wohnen: die eigene Adresse, der Besitz von achtbarer Kleidung, ein Ort zur Zubereitung unserer Mahlzeiten, zum Durchdenken der Alltagsgeschäfte, zur Ablage persönlicher Utensilien oder zum Empfang von Gästen – all dies ist notwendig, um in unserer Gesellschaft als gleichwertiger Mitspieler akzeptiert zu werden.

An die Wohnung geknüpft ist das Empfinden der Selbstwirksamkeit – dass die Handlungen, die man vollzieht, selbst gewählt sind und in einem Zusammenhang damit stehen, was für eine Art von Individuum man sein will. Die Wohnung bietet die Chance zum Rückzug und Verbergen jener Verrichtungen, die ansonsten dem Einblick von Fremden ausgeliefert wären. Misslingt die Kuvrierung tabuisierter oder unangenehmer Verrichtungen und Zustände, so ist die Person bloßgestellt. Ohne Wohnraum mit einer verschließbaren Tür fehlt der Ort, von dem aus etwas begonnen und zu dem zurückgekehrt werden kann.[2]

Das Fehlen einer sicheren Zuflucht beschädigt auf Dauer auch jenen inneren Ort, der als wertbesetztes Zentrum der eigenen Person Anlass der Einschätzung ist, man sei ein Wesen, dessen Handlungen nach innen sinnstiftend und nach außen anerkennungswert sind. Man frage sich nur einmal, welche Verrichtungen und welchen Aufwand man selbst vornimmt, bevor man sich in das Licht der Öffentlichkeit begibt. Oder man stelle sich vor, die Wände der eigenen Wohnung wären durchsichtig. Oder man lebte wie zahlreiche geflüchtete Menschen dauerhaft in Unterkünften hinter Stoffplanen und (bestenfalls) mit Kollektivduschen. Oder man wäre obdachlos und lebte in den Winkeln der Stadt. Kaum ein Individuum kann sich schätzen, wenn es unter Bedingungen lebt, die keinen Wert haben. Was man braucht, sind aber nicht nur würdige Lebensumstände, sondern die Möglichkeit, zwischen sich und anderen eine Distanz zu schaffen, die den Rückzug ermöglicht.[3]

Die Wohnung unterscheidet sich damit von anderen Räumlichkeiten: Dient ein Büro der Arbeit, dient ein Schwimmbad dem Schwimmen und ein Sakralbau der religiösen Praxis, so dient eine Bleibe nicht nur dazu, dieses oder jenes Bestimmtes tun zu können. Der Wohnraum erschöpft sich nicht in einer seiner Funktionen, worauf Emmanuel Levinas (1993, S. 217f.) hinweist:

> »Die bevorzugte Rolle des Hauses besteht nicht darin, Zweck der menschlichen Tätigkeit zu sein, sondern darin, ihre Bedingung und in diesem Sinne

2 Diesen Anspruch an einen sicheren Ort können Wohnungen und Häuser oft nicht erfüllen: Soll die Tür vor Witterung, fremden Blicken und Gewalt schützen, so schließt sie dann die Gewalt ein und schützt den Täter.

3 Für weitergehende Überlegungen zum Zusammenhang von »Obdachlosigkeit und menschlicher Würde« vgl. Montau (2005).

ihr Anfang zu sein. Die Sammlung, die erforderlich ist, damit die Natur vorgestellt und bearbeitet werde, damit sie sich auch nur als Welt abzeichne, vollzieht sich als Haus. Der Mensch verhält sich zur Welt wie jemand, der zu ihr von einem privaten Bereich hergekommen ist, von einem Zu-Hause, in das er sich jeden Augenblick zurückziehen kann.«

Geborgenheit

So wie das Individuum in die Öffentlichkeit hinaustritt und dort in einen funktionalen Zusammenhang mit der Gesellschaft gerät, so ist die Bleibe die Sphäre der Sammlung, Zuflucht, Erprobung von Stärke und des Sichverbergens im Zustand der Schwäche. »Bleibe« meint begrifflich auch »bleiben« – verharren – zu können, bevor etwas Neues begonnen oder etwas Fremdem begegnet wird.[4] Dieses Verharren ist an die Vertrautheit des Ortes und der Dinge gebunden: Sie ermöglicht jene Entspannung, jenes Für-sich-Sein, Konzentration und Flucht vor der Außenwelt, die nur gelingt, wenn ein Gefühl der »Ortsidentität« und eine Bindung an die »geliebten Objekte« (Habermas, 1999) gelingt, mit der das Subjekt sein Heim zu einem schützenden Futteral ausstaffiert hat. Der Rückzug in die Bleibe ist damit auch die Bedingung der Möglichkeit einer inneren Sammlung, die einen Menschen erst in die Lage versetzt, sich enthoben vom Druck des öffentlichen Lebens Fragen und Antworten nach der Art und Weise zu stellen, wie man sein Leben gestalten will. So ist die Wohnung der Ort, von dem man wieder in die Welt geht, um (etwas) anzufangen.

4 Auf den Zusammenhang von Wohnen, Zufriedenheit und Gastfreundschaft verweist Martin Heidegger in seinem Vortrag »Bauen Wohnen Denken« – hier ein Auszug aus einer Interpretation von Burkhard Biella (1998, o. S.): »Das Wort *wohnen* geht zurück auf das altsächsische *wuon* und das altenglische bzw. gotische *wunian*, die beide – wie *bauen* – ursprünglich ›bleiben‹, ›sich aufhalten‹ bedeuteten (vgl. auch *EidM*, 55). Die Etymologie kennt daneben noch das altisländische *una* im Sinne von *Behagen empfinden, zufrieden sein, bleiben*; ähnliche Bedeutungen führt Heidegger für das altenglische *wunian* an: ›zufrieden sein, zum Frieden gebracht, in ihm bleiben‹; ›Frieden‹ heißt der Etymologie zufolge – eng verwandt mit *frei* – Schonung, Freundschaft oder ›bewahrt vor Schaden und Bedrohung, bewahrt vor, geschont‹ (*BWD*, 143), so daß sich ein enger Zusammenhang von Wohnen, Schonen und – auf den sozialen Kontext bezogen – Gastfreundschaft ergibt. ›Das Schonen selbst besteht nicht nur darin, daß wir dem Geschonten nichts antun. Das eigentliche Schonen ist etwas *Positives* und geschieht dann, wenn wir etwas zum voraus in seinem Wesen belassen, wenn wir etwas eigens in sein Wesen zurückbergen, es entsprechend dem Wort freien: einfrieden.‹ (BWD, 143)«.

Dieses Wechselspiel zwischen Sammlung und Geborgenheit, Rückzug und Aufbruch beschreibt Ernst Boesch (1998, S. 55):

> »Die ›Zentralität des Heimes‹ bedeutet […] nicht einfach einen festen Ort für unser Weggehen und Zurückkehren, einen geschützten Bereich der Ruhe nach den Ermüdungen, Unsicherheiten oder Bedrängnissen des Außen; vielmehr entwickeln wir darin das ›introtensive‹ Handeln, das heißt, wir intensivieren emotionale Beziehungen und Ansprüche, vertiefen Innerlichkeit und Reflexion. So führt das Heim denn zu *zwei verschiedenen Sehnsüchten*: derjenigen, einerseits, nach Loslösung, Freiheit, Bewährung im Außen, und derjenigen, andererseits, nach Geborgenheit, Wärme und Vertiefung einer inneren Welt.«

Geborgenheit ist jener paradiesische Zustand, der dem Subjekt alles bietet, was es benötigt, ohne etwas dafür tun zu müssen. Das Zuhause ist der Ort, der zuallererst mit der Hoffnung verknüpft ist, irgendwo geborgen zu sein. Dem Haus, dem Wohnviertel, dem Staat und dem Vermieter fällt die Aufgabe zu, Garanten dafür zu sein, dass die Wohnung ein Ort der Geborgenheit werden kann. Der Energieversorger trägt die elterliche Aufgabe offen in seiner Bezeichnung und in seiner Aufgabe: Wärme, Wasser und Licht sind nichts Triviales, sondern tief in unserer Bedürfnisstruktur verankert. Den Nachbarn hingegen fällt die Aufgabe zu, die Geborgenheit nicht zu stören.

Im Raum der Nachbarschaft

Bei Streit mit Nachbarn fragt man sich, was nun zu tun ist: freundlich oder erbost das Gespräch suchen, die Polizei holen, den Vermieter informieren oder den Ärger herunterschlucken und nichts tun? Was man unternimmt, hängt stets auch von den räumlichen und sozialen Bedingungen des Wohnviertels und des Hauses ab – und von den Empfindungen, Interessen, Erwartungen und Erfahrungen, die die Nachbarinnen und Nachbarn miteinander teilen und die sie voneinander trennen. Und sicherlich wirkt sich die Entscheidung auch auf das zukünftige Zusammenleben im Haus aus. Um zu überblicken, wie Nachbarschaftskonflikte entstehen, wie sie eskalieren, was von ihnen abhängt und was sie über die Widersacher aussagen, schauen wir uns diesen besonderen Sozialraum der Nachbarschaft genauer an.[5]

Zwischenwelt und Grenze

Mit dem Verlassen der eigenen Wohnung tritt man in eine Zwischenwelt ein, die noch nicht vollkommen dem öffentlichen Raum zugehört. Das Treppenhaus, der Vorgarten, vielleicht noch die Wohnanlage bilden eine Passage, in der das Knarren der Holztreppe, der muffige Kellergeruch, die Fassadenfiguren, das Muster der Gehwegplatten, die Büsche und Bäume und die Geräusche der Straße in einer intimen Weise vertraut sind, die auffällt, wenn man aus einem längeren Urlaub zurückkehrt.[6] Immer irgendwie

5 Nachbarschaft meint zum einen (räumlich) das eigene Wohnhaus und seine unmittelbare Umgebung und zum anderen (sozial) die Gruppe der Menschen, die diesem Raum zugehören. In diesem Sinne formuliert Bernd Hamm (1973, S. 14): »Nachbar, ›mittelhochdeutsch nachgebur(e)‹, ist zusammengesetzt aus den Wörtern ›nah‹ und ›Bauer‹ und bedeutet eigentlich ›nahebei Wohnender‹.«

6 Walter Benjamin (2013, S. 137) beschreibt diesen Modus der Wahrnehmung: »Bauten werden auf doppelte Wiese rezipiert: durch Gebrauch und durch Wahrnehmung. Oder besser

da, ohne wirklich aufzufallen, prägt diese Nahwelt fundamental unseren Erfahrungshorizont – sie bestimmt, wo und wie wir uns zu Hause fühlen: »Stadt-Wohnung und Städter sind eine Einheit, die umschlossen wird von der angrenzenden Landschaft. Diese trägt nicht wenig dazu bei, ob wir uns an einem Ort zu Hause fühlen« (Mitscherlich, 1965, S. 10).

In dieser Zwischenwelt verschmilzt das Eigene mit dem nahen Fremden. Sie ist die Bühne der Nachbarschaft. Hier trifft man auf die Menschen, mit denen man das Haus teilt. Irgendwo hier liegt auch die Grenze zwischen dem Privaten und dem Nachbarschaftlichen, ohne dass sie exakt bestimmt werden kann. Es handelt sich eher um eine Überlappung:

> »Nachbarschaft ist ein amorphes Gebilde. Ihre Grenzen sind flüssig, offen, unterbrechend, da Nachbarn anders als etwa Staaten dieselbe Grenze haben. Das Charakteristische dieser Grenze ist nicht wie bei Landesgrenzen die Trennung. Die Nachbarschaftsgrenze ist weder die Grenze als Verbindung noch die Grenze als Waffenstillstandslinie. Die Nachbarschaftsgrenze ist schwierig zu bestimmen. Sie begrenzt, ohne zu bestimmen, was sie begrenzt. Durch die Grenze wird nicht definiert, wer und wer wie hinter der Grenze lebt. Nachbarschaftsgrenzen sind berührungssensibel; sie kennen keinen neutralen Streifen. Aus diesem Grund ist der Nachbar ein permanenter Grenzgänger, der immer wieder ›Grenzärger‹ verursacht« (Manemann, 2015, S. 22).

Und gelegentlich ist auch das eigene Verhalten »grenzwertig«: Wer zieht schon jedes Mal Straßenschuhe an, wenn er an den Briefkasten oder in den Keller geht? Wer dämpft pünktlich um 22 Uhr die Stimme, wenn man im Sommer mit Freunden auf dem Balkon plaudert? Aber auch in die eigene Wohnung dringen die Nachbarn ein, wenn ihr eheliches Streiten und Lieben, ihr Duschen, Lachen und Geschirrklappern zu hören oder ihr Kochen und Rauchen zu riechen sind. Die Wohnung ist eben nichts von der Nachbarschaft Getrenntes, sondern auch ein Teil von ihr.[7]

gesagt: taktil und optisch. […] Die taktile Rezeption erfolgt nicht sowohl auf dem Wege der Aufmerksamkeit als auf dem der Gewohnheit. Der Architektur gegenüber bestimmt diese letztere weitgehend sogar die optische Rezeption. Auch sie findet von Hause aus weniger in einem gespannten Aufmerken als in einem beiläufigen Bemerken statt.«

7 Wie tief Nachbarn in das seelische Erleben eindringen können, wird in Roman Polanskis Psychothriller *Der Mieter* (1976) grotesk überzeichnet: Die Nachbarn beobachten den neuen Mieter, klopfen bei jeder seiner Lebensäußerungen an die Wände seiner Wohnung

Nachbarn als Schemen

Uns rückt das Verhalten des Nachbarn manchmal sehr konkret auf die Pelle. Andererseits werden Nachbarn zumeist nur undeutlich und unbestimmt wahrgenommen. Dem Hineinragen des Intimen[8] aus der Wohnung des Nachbarn in die eigene (und umgekehrt) steht mithin die Schemenhaftigkeit gegenüber, mit der sich Nachbarn in den Wohnanlagen moderner Großstädte begegnen. Nur wenige Meter entfernt, oft nur abstrakt und namenlos vorhanden, sind sich Nachbarn dann weniger als fremd.[9] Denn ein »Fremder« wurde bereits als jemand identifiziert, mit dem es wenig Gemeinsames gibt. Diese Schemenhaftigkeit erfüllt einen Zweck: Wenn die Wohnung der Schutzraum des Intimen ist, so muss der Schutz als Erstes gegenüber Nachbarn gelingen, die aufgrund ihrer räumlichen Nähe stets Gefahr laufen, mehr Einblick zu erhaschen als erwünscht. Die nahen Nachbarn gilt es zu distanzieren – um der Verstrickung zu entgehen:

> »Obwohl das Maß von Gegenseitigkeitsleistungen und Opferfähigkeit, welches noch heute zwischen den Insassen der Mietskasernen der Armenviertel oft genug heimisch ist, jeden in Erstaunen setzen kann, der zum erstenmal damit in Berührung tritt, so ist es doch klar, daß das Prinzip […] im ganzen eher auf Innehaltung möglichster *Distanz* trotz (oder auch gerade wegen) der physischen Nähe als auf das Gegenteil gerichtet ist« (Weber, 2022, § 2).[10]

und treiben ihn in einen Ausnahmezustand. Der Protagonist identifiziert sich zusehends mit seiner Vormieterin, bis er so tief in Wahnvorstellungen verstrickt ist, dass er – wie sie – aus dem Fenster springt und sich schwer verletzt wieder in seine Wohnung schleppt, um ein zweites Mal zu springen.

8 Während das Intime das Innerste, Tiefste, Vertrauteste ist (lat. *intimus*), verweist das Private (lat. *privatum*: das Eigene) schon auf sein Gegenstück, das Öffentliche.

9 Die Anonymität definiert für Werner Sombart (1959; zit. n. Hamm, 1973, S. 55) das Städtische: »Danach ist eine Stadt eine Siedlung, in der sich Bewohner nicht mehr untereinander kennen.«

10 Die Wohn- und Schlafverhältnisse der »Armenviertel« zu Zeiten von Max Weber erforderten andere psychosoziale Distanzierungstechniken als die Wohnquartiere der Gegenwart, in denen auch die allermeisten armen Menschen über abschließbare Wohnungen verfügen – ein kaum abschätzbarer Gewinn unseres Sozialstaats. Dieses Bild wandelt sich, wenn wir uns die Lebensbedingungen vergegenwärtigen, unter denen Arbeitsmigranten der Fleischindustrie, der Agrarwirtschaft, im Güterverkehr und in anderen Branchen in zahlreichen »entwickelten« europäischen Ländern – auch in Deutschland – leben müssen. Und eine Privatsphäre existiert ebenfalls nicht für Menschen in

So bildet sich in den Nachbarschaften moderner Großstädte ein »urbaner Verhaltensstil aus, dessen wichtigstes Leitbild das der distanzierten Vertrautheit ist« (Hamm, 1973, S. 49).

Räumliche Nähe schafft also nicht zwangsläufig Begegnung: Mit Nachbarn teilt man den Raum, nicht aber das Leben – jedenfalls unter den Vorzeichen der Entmischung von Arbeit, Wohnen und Freizeit in modernen Gesellschaften. Denn heutzutage verstreuen sich Freunde, Verwandte, Kollegen und andere soziale Partner oft im ganzen Land oder sogar über die Welt. Kaum jemand hat alle seine Lieben um sich herum, kann sie aber mit unseren modernen Mitteln der Kommunikation und des Verkehrs zu sich heranholen: »Die Differenzierung der Berufe, der Individualisierung, der Pluralisierung der Lebensstile reduzieren heute auch die sozialen Gemeinsamkeiten unter den Nachbarn. [...] Soziale Beziehungen lösen sich von unmittelbarer räumlicher Nähe« (Siebel, 2015, S. 12). Mit der Ablösung der »emotiven Nachbarschaft« (vgl. Jaeggi, 1965, S. 72) von der räumlichen »[ ]erkennt kein Stadtbewohner mehr eine imperative Verpflichtung zu gemeinsamen Handeln mit den Nachbarn [an], und er wird sich nicht mit ihnen zusammentun, es sei denn, er mag sie oder findet sie nützlich« (Heberle, 1959, S. 188).[11]

Nachbarn, nah und fremd

Nachbarn sind die nächsten Fremden. An der Beziehung zu ihnen zeigt sich exemplarisch, wie jemand Mitmenschen begegnet – mit Vertrauen oder Misstrauen, Ekel oder Zuneigung, Gleichgültigkeit oder Interesse. Im besten Falle wird der Nachbar in die abendlichen Gebete eingeschlossen, wie in der siebten Strophe des Liedes *Der Mond ist aufgegangen*: »Verschon' uns, Gott, mit Strafen / und lass uns ruhig schlafen / und unsern kranken Nachbarn auch« (Matthias Claudius). Im schlechteren Fall läuft es wie in der Kurzgeschichte *Der Nachbar* von Franz Kafka: Der Ich-Erzähler hat einen neuen Nachbarn. Beide sind jung und gehen vielleicht

prekären Wohnverhältnissen, die bei Bekannten oder Fremden für eine gewisse Zeit unterkommen und ihrer Willkür ausgesetzt sind. Auch die meisten Sammelunterkünfte gewährleisten keine ausreichende Privatsphäre.

11 Nimmt die eigene Mobilität altersbedingt ab, so mag sich das ändern: »Die Menschen [...] empfinden mit Ausnahme der ›Alten‹ kein Zusammengehörigkeitsgefühl gegenüber anderen Menschen, nur weil diese auch in der Siedlung leben« (Klages, 1968, S. 82).

einem ähnlichen Gewerbe nach. Der Ich-Erzähler fürchtet, sein Nachbar könnte ihm Kunden abjagen, wenn er durch die dünne Wand den Telefongesprächen lauscht: »[E]he ich die Hörmuschel aufgehängt habe, ist er vielleicht schon daran, mir entgegenzuarbeiten« (zit. n. Manemann, 2015, S. 21). Die bloße Möglichkeit der Konkurrenz lässt den Ich-Erzähler in Ablehnung und Hass erstarren – eine Parabel auf die charakterlichen Deformationen in der kapitalistischen Konkurrenzgesellschaft. Im Extremfall kann die pure Existenz des Nachbarn Feindschaft begründen. Diese entsteht dann aus dem Nichts wie in dem Gedicht *Feind* von Dieter Leisegang (zit. n. ebd.):

> Über mir wohnt ein Mann
> Ich höre ihn hereinkommen nachts
> Höre, wenn er sich Kaffee kocht
>
> Viel ist das nicht
> Gerade genug, um zu wissen,
> Daß er
> Mein Feind ist.

Nachbarschaftliche Beziehungen sind jedoch nichts Statisches. Nachbarschaft ist ein fließender sozialer Raum, in dem sich die Bewohnerinnen und Bewohner unablässig zueinander öffnen und verschließen. Manchmal wechselt man auf dem Treppenabsatz ein paar Worte, dann wieder geht man aneinander vorbei und murmelt nur eine Begrüßung. Im günstigsten Fall kann die räumliche Nähe dafür sorgen, dass Nachbarn sich aneinander »gewöhnen« und ein kooperatives Miteinander einüben.[12] Jeder Bewohner trägt zwar, wenn er sich öffnet, das Risiko, sichtbar zu werden, gibt aber auch den Nachbarn die Chance, seine Sicht der Dinge zu teilen. Der Nachbar wird greifbar, vielleicht begreifbar oder sogar sympathisch. Dies wird umso wahrscheinlicher bei Personen, die sich irgendwie ähneln, ähnliche Ansichten haben, Interessen teilen oder sich helfen könnten. Allerdings stellt sich die Frage, in welchem Umfang Nachbarn tatsächlich bereit sind, auf Fremde zuzugehen und eigene Vorurteile zu überprüfen (vgl. Siebel, 2015, S. 15). Zudem treffen in den Wohnhäusern Menschen mit so unter-

12 Auf die Reichweite und die Voraussetzungen, unter denen die Kontakthypothese (Allport, 1971) zutrifft, soll hier nicht eingegangen werden.

schiedlichen Erwartungen aufeinander, was Sauberkeit, Abstand und Anstand, Ordnung, Ruhe, Freundlichkeit oder Kindererziehung angeht, dass kleine Ursachen oft große Wirkung haben und sie Gefahr laufen, sich darüber zu zerstreiten. In jedem konkreten Fall – in jeder Beziehung zu jedem Nachbarn – steht folglich auf dem Spiel, ob das Pendel in die eine oder andere Richtung ausschlägt oder ob die Distanz zwischen den Nachbarn ausreicht, um diese Frage nie klären zu müssen.

Starke Gefühle

Räumliche Nähe und soziale Distanz, Vertrautes und Fremdes, Sichtbares und Verborgenes überschneiden sich in der nachbarschaftlichen Beziehung. Die Schnittflächen sind das Treppenhaus, der Kellerbereich, die Zuwege und Parkplätze, die Grünflächen und die Luft, über die sich die Essensgerüche der Nachbarn, ihre Musik, ihre Sexgeräusche, die eheliche Gewalt und vieles mehr transportieren. Solange Nachbarn als Schattenwesen nur abstrakt anwesend sind, bleibt das ganze Arsenal von Formen sozialer An- und Aberkennung, von Missachtung und Verachtung zwar im Anschlag, aber noch nicht auf den Nachbarn angelegt. Zumeist bleibt zwischen Nachbarn völlig offen, wer sie füreinander sein könnten – nachbarschaftliche Beziehungen bleiben also überwiegend im Zustand der Potenzialität. Erst mit dem Heraustreten aus diesem Schattenreich wird sichtbar, wer der Nachbar für den Nachbarn ist: Genosse, Mitstreiter, Freund, Helfer, Gegner oder ein Wesen, dem das Lebensrecht abgesprochen wird. Sobald der Nachbar die Grenze überschreitet – zum Beispiel durch ein Lächeln, eine Plauderei oder durch Lärm, Dreck und Gestank –, stellt sich die Frage, mit wem man es da zu tun hat.

Und was da vom Nachbarn auf einen zukommt, löst gelegentlich starke Gefühle aus: Die Essensgerüche mögen so verführerisch sein, dass man nebenan klingeln möchte, um sich an den gedeckten Tisch zu setzen. Es kann aber auch starken Ekel auslösen, zum Beispiel wenn die Nachbarin für ihre Hunde Pansen kocht. Und ebenso wie Gerüche können die Schuhe des Nachbarn im Treppenhaus oder sein Lachen Widerwillen, Abscheu oder Ekel erzeugen – sogenannte »Abjektionen« (Julia Kristeva). Manchmal sind es weniger Gerüche, Schmutz oder Lärm, die negative Empfindungen wachrufen, sondern die Nachbarn selbst: »Die Ablehnung von anderen, die lauernde Aversion und potenzielle Aggression gegen sie zeigen sich unmissverständlich, wo diese Anderen mit dem Abjektiven amalgamiert scheinen oder es direkt verkörpern und symbolisieren« (Straub, 2019, S. 51). Nachbarschaft ist eben nicht nur vom Denken und Handeln geprägt, sondern auch vom Fühlen – bedingt durch die körperliche Nähe in den Häusern. Diese oft starken Gefühle zwischen Nachbarn sind eine wesentliche Ebene, will man Streit, Bündnisse und auch Gewalt zwischen ihnen verstehen.

Solidarität und Vereinzelung

In vormodernen Zweck- und Notgemeinschaften, zum Beispiel im dörflichen Raum, war der Nachbar »vom gleichen Stand, arbeitete und lebte unter ähnlichen Verhältnissen. Wer sich räumlich nah war, der war sich auch sozial nah, man war denselben Nöten und Zwängen unterworfen. [...] Nachbarschaft war Schicksal« (Siebel, 2015, S. 11). Daraus ergab sich die Angewiesenheit aufeinander: »Der Nachbar ist der typische Nothelfer, und ›Nachbarschaft‹ daher Trägerin der ›Brüderlichkeit‹ in einem freilich durchaus nüchternen und unpathetischen, vorwiegend wirtschaftsethischen Sinne des Wortes« (Weber, 2022, § 2; vgl. auch Hamm, 1973, S. 31ff.).[13]

Die Auflösung des sozialen Gewebes zwischen Nachbarn kann man beklagen: »Ohne emotionelle Nachbarschaft kann keine reife Menschlichkeit entstehen. Der Mensch ist ein Sozialwesen« (Mitscherlich, 1965, S. 26). Formen nachbarschaftlicher Gemeinschaft finden sich aber auch heute noch in spezifischen »Communities«. Zum Beispiel in alternativen Milieus: Nachbarschaftliches Miteinander erleichtert dort die Vereinbarkeit von Arbeit, Freizeit und Familie und dient als Erprobungsraum für Gemeinschaftlichkeit, Vielfalt oder agrarische Selbstversorgung jenseits der modernen Kleinfamilie. Auch in Migrantenmilieus finden sich

> »häufig engere nachbarliche Kontaktnetze. Dahinter verbergen sich oftmals Verwandtschaftssysteme, die sich über räumliche Nähe zu festigen suchen, es kann sich aber auch um importierte Nachbarschaften handeln, wenn Angehörige desselben Dorfes im Herkunftsland sich in der Fremde wieder als Nachbarn niederlassen« (Siebel, 2015, S. 17).

13 Nachbarschaft und Brüderlichkeit konvergieren auch sprachlich: Eine gängige Übersetzung des Gebots der Nächstenliebe (Mk 12,31) lautet im Englischen: »Love your neighbour as yourself.«

Diese Nachbarschaften sind Rückzugsräume von einer Gesellschaft, die als ein »Außen« erlebt wird. Zugleich erleichtern sie es, Gebräuche zu erhalten und Kontaktnetze zu etablieren, die das ökonomische und kulturelle Überleben in der spröden Aufnahmegesellschaft ermöglichen. Zumeist ziehen Zuwanderer allerdings in besondere Stadtteile, weil dort die Miete günstiger ist und weil Vermieter ihnen Wohnungen in anderen Stadtteilen verwehren. Schließlich zielen Maßnahmen von Kommunen, Unternehmen der Wohnungswirtschaft und anderen Trägern auf die Stärkung nachbarschaftlicher Bindungen: Durch Quartiersmanagement oder Nachbarschaftsinitiativen sollen neue Formen zivilgesellschaftlichen Engagements etabliert werden, die – so die Hoffnung – als Bollwerk gegen soziale Desintegration wirken.[14]

Nachbarschaft steht folglich auch heutzutage noch im Spannungsfeld von Anonymität und Gemeinschaftlichkeit. Solidarität und Mitgefühl sind jedoch soziale Praktiken, die unter den Anforderungen der Arbeitswelt im modernen Kapitalismus – Risikobereitschaft, Flexibilität, Bindungslosigkeit – prekär geworden sind: »Der Westen ist in der kalten Zeit des extremen Individualismus und sehnt sich nach der Wärme der Gemeinschaft, die menschliche Beziehungen wieder erblühen lässt« (Etzioni, 1998, S. XII). Soziale Kälte erzeugt so die Gegenbewegung: Wo die kollektive Bedürfnislage zu einem »Wir« neigt, das nicht als Waffe gegen Andere und Fremde fungiert, kann die Nachbarschaft eine Rolle spielen:

> »Eine der unbeabsichtigten Folgen des modernen Kapitalismus ist die Stärkung des Ortes, die Sehnsucht der Menschen nach der Verwurzelung in der Gemeinde. All die emotionalen Bedingungen modernen Arbeitens beleben und verstärken diese Sehnsucht. Die Ungewissheiten der Flexibilität, das Fehlen von Vertrauen und Verpflichtung, die Oberflächlichkeit des Teamworks und vor allem die allgegenwärtige Drohung, ins Nichts zu fallen, nichts ›aus sich machen zu können‹, das Scheitern daran, durch Arbeit eine Identität zu erlangen. All diese Bedingungen treiben Menschen dazu, woanders nach Bindung und Tiefe zu suchen« (Sennett, 2000, S. 189f.).

14 Für eine Evaluation einer ersten Phase dieser Projekte vgl. GdW (1998). Leider kann hier nicht auf die zahlreichen Projekte eingegangen werden, in denen bis heute hauptberufliche und ehrenamtliche Mitarbeitende engagiert und kreativ den Gemeinsinn im Quartier fördern – oft über Jahrzehnte erfolgreich.

Konfliktlinien im Quartier

Städte sind wirtschaftliche, soziale und kulturelle Reaktoren:

> »Stadt lässt sich definieren als Ort des Zusammenlebens von Fremden. Physische Nähe bei sozialer Distanz als Charakteristikum der Stadt bedingt die kulturelle Produktivität der Stadt, aber auch ihre Konfliktträchtigkeit. Wie die Konflikte der modernen Großstadt gebändigt werden können, ohne ihre Urbanität zu beschädigen, ist eine der Grundfragen von Stadttheorie und Stadtpolitik« (Häußermann & Siebel, 2003, S. 68).

Aber auch im Nahraum der Nachbarschaft konkretisiert sich die mentalpolitisch anspruchsvolle Aufgabe, Unterschiede und Gemeinsamkeiten auszubalancieren.[15] Hier kollidieren die Alltagsbedürfnisse direkt mit denen der Nachbarn, denn man kann sich nicht ausweichen. »Der Nachbar wird als Bedrohung empfunden, weil er als der Nächste sowohl der Nahe als auch der Fremde ist. Diese paradoxale Nähe ist die eigentliche Herausforderung der Nachbarschaft« (Manemann, 2015, S. 24). So ist jede Nachbarschaft ein laufendes soziales Experiment mit offenem Ausgang. Oder wie Jan Philipp Reemtsma (2004, S. 103) schreibt: »Nachbarschaft ist eine Gewaltressource erster Ordnung.« Und es ist der größere Teil der Bevölke-

15 Quartier und Nachbarschaft werden hier nicht scharf unterschieden. Beide umzirkeln den öffentlichen Raum, den Menschen als ihr Zuhause betrachten. Das knüpft an eine Definition von Luise Willen (2005, S. 1) an: »Quartier beschreibt über die Wohnung hinaus den öffentlichen Raum, der vor der Wohnungstür beginnt und in dem regelmäßige Aktivitäten stattfinden. Der Aktionsradius eines jeden Menschen ist aber unterschiedlich groß, daher bleibt die räumliche Ausdehnung des Quartiers zunächst offen.« Weder Quartier noch Nachbarschaft haben also eine klare Grenze, wobei diejenige der Nachbarschaft den Bereich des eigenen Wohnhauses enger umschließt. Aber eines ist sicher: Was vom eigenen Wohnhaus aus nicht sichtbar ist, gehört nicht mehr zur Nachbarschaft.

rung in Deutschland, der tags wie nachts an diesem Experiment teilnimmt. Zweidrittel alle Wohnungen entfallen auf Mehrfamilienhäuser, davon die Hälfte auf Wohnhäuser mit sieben oder mehr Wohnungen (Statistische Ämter des Bundes und der Länder, 2014). Die Zusammensetzung der Bewohnerschaft und damit die Ausgangslage des jeweiligen sozialen Experiments ändert sich dabei fortlaufend durch die Fluktuation in der Bewohnerschaft, also durch Aus- und Einzüge.

In den Nachbarschaften deutscher Großstädte findet sich mithin eine immense Vielfalt sozialer Konstellationen. Zwar sorgt die Miethöhe, die Wohnungsgröße, das Quartier und sein Ruf für Segregation. Ein Fabrikbesitzer wird kaum jemals neben einem Fahrradkurier wohnen. Dennoch: Schon durch die Wohnungsknappheit in den Städten treffen an keinem Ort in modernen Gesellschaften Menschen, die sonst nichts miteinander zu tun haben, so dauerhaft und so eng aufeinander – außer vielleicht noch in Gefängnissen und Heimen. Was geschieht dann, wenn man in Streit gerät und sich zu nah ist, um darüber hinwegsehen zu können? Auch sind Nachbarschaften Miniaturen der gesellschaftlichen Verhältnisse: Konfliktlinien zwischen arm und reich, Familien und Alleinstehenden, Jung und Alt, Alteingesessenen und Zuwanderern, psychiatrisch Erkrankten und »Normalen« spiegeln sich hier im Kleinen. Somit gilt: Das Neben- und das Miteinander zwischen Nachbarn ist eine der Herausforderungen, deren Ausgang auch darüber entscheidet, ob unser Gemeinwesen im Großen gelingt. Und andersherum: Konflikte zwischen Nachbarn sind Indikatoren für den Zustand unserer Gesellschaft.[16]

Schauen wir uns mithilfe einiger sozialpsychologischer und soziologischer Theoreme an, wie sich Konflikte im sozialen Nahraum entfalten können. Diese Überlegungen werden uns später helfen, jene Nachbarschaftskonflikte aufzuschließen, die den empirischen Kern dieser Untersuchung bilden.

Nachbarschaft als bauliches Biotop

Konflikte zwischen Nachbarn finden nicht im luftleeren Raum statt, sondern auf dem Boden der Stadt, in den Wohnhäusern und Quartieren. Dem Leben und Streiten der Menschen gibt die Stadt ihre äußere Form. Der Städtebau und die Architektur bestimmen zum Beispiel, ob Menschen

16 Natürlich lassen sich Konflikte im Kleinen und im Großen nicht direkt aufeinander abbilden. Die Vermittlungsprozesse sorgen jedoch in beiden Richtungen für Durchlässigkeit.

Orte der Besinnung und des Austauschs finden. Oder aber sie fördern die hektische Betriebsamkeit des modernen Lebens. Vorbeihetzen oder Verweilen wird zu einer Wahl, wo es Zonen gibt, die den Menschen zum Innehalten einladen – wie Bänke, Spielplätze oder Grünflächen.

Wie Alexander Mitscherlich (1965, S. 16) formulierte, prägt die Stadt aber auch die innere Form seiner Bewohner: »Der Mensch wird so, wie die Stadt ihn macht.« Man möge sich erinnern, wie zu Kindertagen das Wohnumfeld dem eigenen Erleben den Stempel aufdrückte:

> »Der junge Mensch […] ist weitgehend ein spielbestimmtes Triebwesen. Er braucht deshalb seinesgleichen – nämlich Tiere, überhaupt Elementares, Wasser, Dreck, Gebüsch, Spielraum. Man kann ihn auch ohne das alles aufwachsen lassen […], doch man sollte sich dann nicht wundern, wenn er später bestimmte soziale Grundleistungen nie mehr erlernt, zum Beispiel ein Zugehörigkeitsgefühl zu einem Ort« (ebd., S. 24).

Zu oft schaffen städtische Verdichtung und funktionale Entmischung eine bauliche Ödnis, in der die Wohnquartiere dem Stapeln von Menschen zu dienen scheinen. Fantasielosigkeit und Renditeerwartungen verhindern, dass sich Menschen im Quartier entfalten können. Das Neben- und Gegeneinander von Nachbarn ist dann auch ein Reflex auf eine Architektur, die die Menschen in den Wohnungen isoliert und zugleich in den Häusern zusammenpfercht. Dünne Wände, kalte Flure und eintönige Häuserblöcke ohne Gemeinschaftseinrichtungen bieten für ein lebendiges und freundliches Miteinander keine Heimstatt. Madame Q – das Pseudonym einer Shanghaier Architektin – kommentiert in einem Gespräch mit Richard Sennett (2018, S. 255f.) diese Wohnverhältnisse: »Sie belegen Wohnraum, aber sie wohnen nicht.«

Milieus und Nachbarschaft

Die soziale Position von Nachbarn hängt davon ab, über welches kulturelle Kapital sie verfügen. Dieses verkörpert sich in ihren Lebensäußerungen und in den Gegenständen, über die sie verfügen. Denn Nachbarn sehen, wie Nachbarn leben. Man beobachtet, wie sie sich kleiden, welches Auto sie fahren, wie sie sprechen, sich benehmen und auftreten. Der Lebensstil der Nachbarn wird dahingehend interpretiert, mit wem man es zu tun hat – »was das für einer ist«.

Die Gesamtheit der Praxisformen eines Individuums – sein Habitus[17] – bindet ihn an das soziale Milieu[18], dem er sich einerseits zugehörig fühlt und dem er andererseits zugeordnet wird. Pierre Bourdieu analysiert in *Die feinen Unterschiede* (2020) in diesem Sinne, wie der Lebensstil und die Vorlieben von Menschen mit ihrer sozialen Position zusammenhängen. Im Lebensstil offenbart sich darüber hinaus das Bemühen, die eigene gesellschaftliche Stellung auszubauen. Das Verhalten der Nachbarn wird also nicht nur interpretiert, sondern es wird auch abgeschätzt, wie man zu ihnen steht und welchen »Verkehrswert« sie haben.

Wenn Nachbarn sich sehen und miteinander oder übereinander sprechen, dann findet immer auch dieses Einschätzen und Aushandeln statt: Wie feinsinnig und gebildet oder grob und ordinär sind die Nachbarn? Wie werden wir hier angesehen? Was ist hier von Wert? Eine Nachbarschaft ist in dieser Hinsicht ein »Raum der Lebensstile« (Pierre Bourdieu), in dem der Wert des kulturellen Kapitals ausgehandelt wird, das die Akteure einbringen, und in dem sie ihre soziale Position ausbauen, wenn sie »Distinktionsgewinne« realisieren.

Nachbarschaft als Figuration

Nachbarschaftliche Beziehungen sind dynamische soziale Geflechte. Mit subtilen Signalen, offenen Worten und Taten verbünden sich Nachbarn und schließen andere aus. So bildet sich in Nachbarschaften zwischen Etablierten und Außenseitern (Norbert Elias) ein Machtgefälle, das die Teilhabe der Außenseiter beschneidet und sie so diskriminiert. Fremde Essensgerüche und Familienfeste der Nachbarsfamilie werden so zu Indizien, dass »die nicht hierhin passen« – Ungewohntes wird zu Unerwünschtem.

Am Ausgang eines solchen Geschehens kann die Konstruktion einer

17 »Der Habitus ist Erzeugungsprinzip objektiv klassifizierbarer Formen von Praxis und Klassifikationssystem dieser Formen. In der Beziehung dieser beiden den Habitus definierenden Leistungen: der Hervorbringung klassifizierbarer Praxisformen und Werke zum einen, der Unterscheidung und Bewertung der Formen und Produkte (Geschmack) zum anderen, konstituiert sich die repräsentierte soziale Welt, mit anderen Worten der Raum der Lebensstile« (Bourdieu, 2020, S. 277f.).

18 »Ein Milieu kann verstanden werden als eine soziale Gruppe, die in Fragen der Lebensentwürfe und gelebten Lebensformen, der angestrebten Vergnügungen, der politischen Grundhaltungen, der Freizeitformen und Konsumweisen sowie weiterer Aspekte des Alltagslebens ein hohes Maß an Einheitlichkeit aufweist« (Diaz-Bone, 2003, S. 366).

homogenisierten Fremdgruppe stehen, die sozial und kulturell exterritorial ist: »Immer wieder lässt sich beobachten, daß Mitglieder von Gruppen, die in Hinblick auf ihre Macht anderen, interdependenten Gruppen überlegen sind, von sich glauben, sie seien in Hinblick auf ihre menschliche Qualität besser als die anderen« (Elias & Scotson, 1993, S. 7). Die Unterlegenen werden zu »Nachbarn, von denen es heißt: sie sind nicht wie ›wir‹! [...] Sie sind Hiesige, aber gehorchen nicht den Stereotypen, die die Hiesigen von sich selbst entwickeln und pflegen« (Beck, 1995, S. 137). Dauerhaft dieser Diskriminierung ausgesetzt kann auch das Selbstbild von Betroffenen leiden, die tragischerweise selbst beginnen, an ihre Minderwertigkeit zu glauben: Die Etablierten »behandelten die Neuankömmlinge samt und sonders als Menschen, die nicht dazugehörten – als ›Außenseiter‹. Die anderen selbst schienen nach einer Weile mit einer Art verwirrter Resignation hinzunehmen, daß sie zu einer minderwertigen, weniger respektablen Gruppe zählten« (Elias & Scotson, 1993, S. 9).

Gerade für die Figurationen, die sich zwischen Migranten und Alteingesessenen im Rahmen der aktuellen Wanderungsbewegungen herausbilden, sind die Analysen von Norbert Elias eine Blaupause:

> »Prozesse derselben Art spielten und spielen sich in vielen Gemeinden über den ganzen Erdball ab. Wieder und wieder geschieht es im Zusammenhang der sich beschleunigenden Gesellschaftsentwicklung und der durch sie hervorgerufenen Spannungen, Umwälzungen und Konflikte, daß Gruppen ihre Heimat verlassen [...] und sich anderswo ansiedeln, oft vor der Haustür oder inmitten älterer Gruppen« (ebd., S. 89).

Anpassung und Kontrolle

Weiterhin ist Nachbarschaft eine Instanz sozialer Kontrolle. Denn Nachbarn haben Erwartungen, wie sauber, leise und freundlich ihre Nachbarn sein müssen. Diese Erwartungen werden bei Bedarf kommuniziert: verteidigt, verhandelt oder durchgesetzt. Das Normenkorsett ist heutzutage natürlich loser geschnürt als in den dörflichen Gemeinschaften vergangener Zeiten, die für die Durchsetzung ihrer Normen über ein großes Arsenal von Sitten, Gebräuchen und Riten verfügten.[19] Die pluralisierten Lebens-

19 Die soziale Kontrolle hat bis in die Gegenwart nicht nur die Funktion, die Einhaltung von Normen zu überwachen. Sie dient auch »der Sicherung Gefährdeter und Bedrohter.

formen in den Großstädten der Gegenwart vervielfältigen jedoch auch die Reibungspunkte: »Je geringer die Anpassung ist, desto unsicherer scheint das Verhalten zu sein, desto mehr läßt sich ein Hin- und Herpendeln zwischen Intimität und Konflikt feststellen« (Bahrdt, 1961, S. 106).

Gewandelt haben sich auch die Waffen, mit denen Nachbarn ihre Konflikte austragen: Heutzutage reglementieren Nachbarn abweichendes Verhalten weniger im Rahmen tradierter Sitten und Gebräuche als nach eigenem Gutdünken mithilfe von misstrauischem Beäugen und Kopfschütteln, wohlwollender Ansprache, Klatsch, offenem Streit, Beschwerden, Strafanzeigen, Denunziation – oder dem Öffnen von Fahrradventilen.

Interessenkonflikte in der Nachbarschaft

Nachbarn geraten selbstverständlich auch in Streit, weil sie um Ressourcen und Chancen konkurrieren, zum Beispiel um den knappen Platz im Fahrradkeller oder das Einhalten der Nachtruhe. Wir haben es hier insofern mit »realistischen« Gruppenkonflikten (vgl. Sherif, 1966) zu tun, als es beim Kampf um solche Sachen um eine Folge widerstreitender Interessen zwischen den Akteuren geht.

Es liegt nahe, Ressourcenknappheit als eine Quelle hartleibiger Nachbarschaftskonflikte zu betrachten, bietet das häusliche Leben doch zahlreiche Anlässe für Interessenkonflikte. Allerdings können bereits Vermutungen ausreichen, man würde vom Nachbar übervorteilt werden, um die Eskalation auszulösen. Ich erinnere mich gut an die lautstarke Ansage einer Nachbarin, die kurz nach meinem Einzug in eine genossenschaftliche Wohnanlage mitbekam, dass ich bereits einen Parkplatz anmieten konnte, worauf sie selbst seit Jahren wartete. Ihre Wut galt nun aber keineswegs dem Vermieter, sondern mir.

Sehen sich die Nachbarn erst einmal als Wettbewerber, so geht es nicht nur um die Sache selbst, sondern es entwickeln sich darüber hinaus auch Bitterkeit, Zank oder Abneigung. In diesem Sinne folgerte Muzafer Sherif

[…] Kinder, die auf dem Bürgersteig spielen, werden durch Vorübergehende vor Unfällen bewahrt; Anwohner einer Straße kennen einander und überwachen das Verhalten von Fremden« (Hamm, 1973, S. 91). Die Nachbarschaft hat zudem eine sozialisatorische Funktion für Kinder: Rene König (1966, S. 45) schrieb, es sei »für den konkreten Menschen noch immer so, daß ihm gesellschaftliches Leben außerhalb der Familie zuerst an der näheren Nachbarschaft, dann in der Gemeinde zum anschaulichen Erlebnis« wird (vgl. auch Hamm, 1973, S. 82ff.). Und auch im 21. Jahrhundert gibt es immer noch die »Sandkastenfreundin« und Ähnliches.

(1966) aus seinen berühmten Gruppenexperimenten, dass inkompatible Ziele zwischen Gruppen es wahrscheinlicher machen, dass sie sich ablehnen und negative Stereotype übereinander bilden. Stimmen die Interessen hingegen überein, so entwickeln Gruppen eher freundliche und kooperative Einstellungen zueinander. Und sie nehmen die Angehörigen der anderen Gruppe dann auch differenzierter wahr.

Interessenkonflikte bleiben also nur selten Interessenkonflikte: Eine ältere Dame stellt ihren Rollator im Treppenhaus ab. Zu ihrer jungen Nachbarin hat sie ein gutes Verhältnis. Diese trägt gelegentlich sogar ihre Einkaufstaschen die Treppen hinauf. Als die junge Nachbarin ein Kind bekommt, stellt sie den Kinderwagen ins enge Treppenhaus. Für beides ist aber nicht ausreichend Platz. Die Nachbarinnen streiten nun fruchtlos um ihr Recht. Im Zuge dieser Auseinandersetzung sticht der älteren Dame ins Auge, dass die junge Frau eigentlich immer schon eine rücksichtslose und gleichgültige Person gewesen sei, nur habe sie sich früher eben verstellt.

Ingroup und Outgroup

Nachbarschaften sind auch eine vermittelnde Instanz der Bildung von Ich- und Wir-Gefühlen, der Profilierung von sozialer Identität. Wie Henri Tajfel (1982) in seinen Kleingruppenexperimenten herausarbeitete, ist die soziale Identität von Individuen Teil eines Selbstkonzepts, das sich aus ihrer Gruppenzugehörigkeit ergibt. Eigen- und Fremdgruppen, als deren Teil man sich sieht oder von denen man sich abgrenzt, werden allerdings nicht nur vorgefunden, sondern auch kognitiv konstruiert.

Während ein Teil der Nachbarn so zu »Mitspielern« wird, geraten andere zu »den Anderen«, Fremden oder Widersachern. Diese Selbstverortung in bestimmte Ingroups hat einen Nutzen: Wer man ist und welchen Selbstwert Individuen sich zuschlagen, ist Ergebnis eines Vergleichs der eigenen Bezugsgruppen mit Fremdgruppen. Die Aufwertung des Eigenen gelingt über die Abwertung der Fremdgruppen: »Nach dieser Betrachtungsweise liefert eine soziale Gruppe ihren Mitgliedern dadurch eine positive soziale Identität, daß sie sich in Bezug auf wichtige Dimensionen, die eindeutig wertungshaltig sind, mit anderen Vergleichsgruppen vergleicht und sich von ihnen unterscheidet« (Commins & Lockwood, 1979, S. 281f.).

Mithin bedürfen Nachbarschaftskonflikte keineswegs einer Konkurrenz um Parkplätze, Kellerräume, Mülltonnenvolumen oder um die Kontrolle über die Lautstärke im Haus. Bereits die blanke Tatsache, dass man sich einer bestimmten Gruppe zugehörig fühlt, hat Auswirkungen auf die Einstellung und das Verhalten gegenüber denjenigen, die nicht dazugehören (sollen). Das Bedürfnis, die Ingroup positiv zu bewerten, führt dazu, dass soziale Gruppen versuchen, sich voneinander zu unterscheiden – bis hin zur Abwertung der Outgroup.

Ein Ehepaar ist stolz auf das gepflegte Wohnhaus, in dem sie leben. Als eine alleinerziehende Mutter mit drei pubertierenden Kindern einzieht, fürchtet das Ehepaar um den Zustand und den Ruf des Hauses, »da Frau Schwarz auch mit Freiern zu tun hat«. Wie auch andere Vorwürfe sind das Fake News. Das Ehepaar schafft in ihrem Wohnhaus auf Basis fiktiver Merkmale eine Selbst- und eine Fremdgruppe und verweist auf einen Schaden durch die blanke Anwesenheit dieser Nachbarin: »Wir sehen auch darin eine Verschlechterung der Wohnqualität.« Es gilt, den Wert der eigene Bezugsgruppe zu profilieren: »Im Haus selbst wohnen auch ältere, kranke Mieter mit Schwerbehindertenstatus.«

Toxische Persönlichkeiten

Ob sich Nachbarn auf Nachbarn »einschießen«, hängt zudem davon ab, ob sie über Persönlichkeitseigenschaften verfügen, die abwertende und aggressive Einstellungen begünstigen. Anscheinend verfügen Menschen über ein unterschiedliches Potenzial, Mitmenschen für ihren Hass und ihre Wut verantwortlich zu erklären, um diese Sündenböcke daraufhin zu erniedrigen oder anzugreifen. Demnach kann sich der Streit zwischen Nachbarn auch aus dem Charakter der Akteure speisen. Wer sich zum Beispiel die eigene Disziplin und Strenge zugutehält, den kann die lässige Haltung des Nachbarn provozieren, wenn dieser seinem zehnjährigen Kind erlaubt, bis 23 Uhr auf dem Spielplatz zu toben.

Wenn Nachbarn sich hassen, dann kann das also ein »Ausdruck tief liegender Züge der Persönlichkeit« sein (Adorno et al., 1950, S. 1). Die Ursache für diese toxischen Persönlichkeitsanteile liegt nach den Autoren der Studien zum »Autoritären Charakter« in der frühen Kindheit. Eine rigide, überdisziplinierende Erziehung lenkt aggressive Neigungen von den Eltern auf alternative Zielobjekte um und erzeugt eine mentale Formation, einen autoritären Charakter, der unter anderem Konventionalismus, autoritäre Unterwürfigkeit und Aggression sowie Machtdenken befördert.[20]

20 Und damit auch der Gefolgschaft im Nationalsozialismus dienlich war.

Die Wut richtet sich vornehmlich gegen Angehörige diskriminierter Bevölkerungsgruppen, an denen sie sich austobt: nach oben buckeln und nach unten treten.[21]

Einmal übergab mir ein fast 80-jähriger Pensionär ein langes Beschwerdeschreiben, das sich gegen den Nachbarn richtete – nach seinen Worten ein »arabischer Hengst«.[22] Dessen Sex mit der »blonden, deutschen Freundin« gab der Beschwerdeführer lautmalerisch wieder, so auch den sich steigernden Rhythmus des gegen die Wand schlagenden Bettpfostens. Mit kalter Wut forderte er vom Vermieter die sofortige fristlose Kündigung dieses Nachbarn.

Nachbarn als Projektionsflächen

Nachbarn sind Fremde am Rande der eigenen privaten Welt. Deshalb eignen sie sich in einem tiefenpsychologischen Sinne, Oberflächen für Projektionen und Übertragungen zu sein. Nachbarn werden zu Kristallisationskeimen für Assoziationen und in eigene mentale Konfliktlinien eingearbeitet. Am Gegenüber begegnet einem, was an der eigenen Person nicht statthaft ist. Für diese Projektionen bieten sich Nachbarn an: Zum einen bietet die Nachbarschaft eine reiche Auswahl von Anknüpfungspunkten für die eigene Fantasie und zum anderen sind Nachbarn ausreichend schemenhaft, um sie zu Trägern eigener unerwünschter Impulse zu machen.

Damit eine nachbarschaftliche Beziehung dann aus dem Nebeneinander in einen Zustand gerät, in dem eine oder mehrere Parteien etwas Bestimmtes »voneinander halten«, reichen oft kleine Initialzündungen wie ein falsches Wort oder eine Unachtsamkeit. Der Nachbar gerät dann »zu jemandem wie« – einem Stereotyp. Und oft braucht es noch nicht einmal das: Die junge Frau mit osteuropäischem Namen wird in den Augen des Nachbarn – gemäß seinem Begehren – durch ihre High Heels, ihren Minirock und ein paar andere Attribute zu einer Sexarbeiterin, die man im Haus nicht dulden dürfe. Das »sprungbereite Innen [wird] ins Äußere versetzt« und so »das Vertrauteste als Feind« geprägt (Horkheimer & Adorno, 1986, S. 196).

21 Spätere Untersuchungen konnten die Ausprägung dieses Effektes so nicht bestätigen. Der autoritäre Charakter erklärt feindselige Handlungen gegen diskriminierte Gruppen nicht hinreichend aus den Erziehungspraktiken ihrer Akteure (vgl. Pettigrew, 2000; Davey, 1983).

22 Ich konnte mich nicht des Eindrucks erwehren, dass sich hinter dieser Beleidigung eine verstohlene Bewunderung des Beschwerdeführers für die sexuelle Leistungsfähigkeit seines Nachbarn verbarg.

Nachbarn können mithin starke Gefühle wecken, ohne dafür selbst etwas beizusteuern – ähnlich wie die Feindschaft gegen Juden keiner Juden bedarf (Lendvai, 1972). Nachbarschaft ist folglich mit wahnhaften Fantasien (vgl. Adorno, 1955, S. 232) besetzt, was dieser oder jener Mensch, mit dem man das Haus oder die Wand teilt, dort wohl so treibt und warum. Damit beginnt ein Psychodrama, das üble Nachrede, Kleinkrieg oder Gewalt nach sich ziehen kann. In dieser Hinsicht gleichen Nachbarschaften der medialen Öffentlichkeit, die ja auch ein breites Angebot an Figuren bereitstellt, aus denen man sich bedienen kann, um den eigenen Bedarf an Freunden und Feinden zu decken.

Weiterer Kontext von Nachbarschaftskonflikten

Diese Konfliktlinien zeigen, wie nachbarschaftliche Beziehungen mit ein- oder beiderseitigen Zuschreibungen angereichert sind. Zwar gehen die meisten Nachbarn friedlich miteinander um. Und manchmal »gären« darunter Animositäten, ohne zum offenen Konflikt zu werden. Wenn aber Nachbarn streiten oder sich bekriegen, dann offenbart sich ihre Verwicklung. Natürlich laufen die beschriebenen Konfliktlinien parallel oder verknoten sich: Zum Beispiel können sich soziale Figurationen zwischen Gruppen von Bewohnern dort verfestigen, wo Ingroups und Outgroups konstruiert werden, die sich wiederum an Stereotypen kristallisieren, die die Gruppen übereinander entwickeln. Diese Prozesse bedingen sich gegenseitig und lassen sich hier lediglich vage unterscheiden.

Über diese Konfliktlinien hinaus wird nachbarschaftlicher Streit von *gesellschaftlichen Umwälzungen* durchtränkt. Zum Beispiel ziehen heutzutage die Menschen häufiger um als vor zwei Generationen. Dadurch richten sie sich in ihrer Wohnung und in der Nachbarschaft kaum mehr als »Lebensprojekt« ein, sehen stattdessen ihren Aufenthalt eher als eine Episode an und schenken deshalb den benachbarten Menschen und ihren Bedürfnissen weniger Aufmerksamkeit. Kommt es dann zu einer Störung, so existiert keine nachbarschaftliche Beziehung, die die Klärung erleichtern könnte. Der erste Kontakt ist dann gleich von einem Problem geprägt. Schließlich spiegeln Nachbarschaftskonflikte auch *öffentliche Debatten* aus Politik und Massenmedien wider. Je nachdem, wie sich Nachbarinnen und Nachbarn die Frage »Gehört der Islam zu Deutschland?« beantworten, werden sie mit der muslimischen Nachbarsfamilie umgehen, bei der es am Ende des Ramadan hoch hergeht.

Wie politische Debatten können die kleinräumigen Konflikte zwischen Nachbarn selbstverständlich auch eine produktive Dimension entfalten. Die streitbare Auseinandersetzung ist ein Kern demokratischer Kultur. In den Nachbarschaftskonflikten, die wir in diesem Buch betrachten, wird hingegen eine destruktive Stoßrichtung sichtbar, die sich aus der Schädigungsabsicht speist, mit der die Akteure ihren Widersachern begegnen, denen sie zuschreiben, ihre Interessen und Bedürfnisse verletzt zu haben.

Zündstoffe des Streitens

Konflikte zwischen Nachbarn entzünden sich gelegentlich aus Anlässen, die von außen nur schwer nachvollziehbar sind – wie die Frage, wie eine Treppe zu reinigen ist oder bis zu welchem Alter ein Kind die Rutsche auf dem Spielplatz benutzen darf. Bestimmte Ärgernisse werden jedoch häufig genannt.[23]

Dreck

Zu den prominenten Beschwerdeanlässen gehört die mangelhafte Treppenhausreinigung. Nachbarn haben sehr unterschiedliche Vorstellungen von sauberen Fluren, Fenstern und Handläufern. Zuwiderhandeln löst oft starke Gefühle aus. Denn Dreck ist wertlos, niemand will ihn haben. Er fällt bei unseren Alltagsgeschäften an, bleibt übrig und gleicht darin den körperlichen Ausscheidungen. Dreck hat deshalb für die »sauberen« Nachbarn einen symbolischen Wert. Wer Matsch, Schmierereien oder alte Kaugummis im Treppenhaus hinterlässt, zeigt der Hausgemeinschaft, was er von ihr hält: Er schert sich einen Dreck darum, was andere über ihn denken.

Müll

Auch Müll im Wohnhaus oder in der Wohnanlage gehört zu den häufigen Beschwerdeanlässen. Müllsäcke werden zum Beispiel vor der Wohnungstür oder neben den bereits vollen Müllcontainern abgestellt. Manchmal erscheint der Weg zum Müllplatz und zum Entsorgungshof aber auch einfach zu weit: Pappkartons, Windeln, der alte Kochtopf oder der defekte

---

23 Die Angaben zur Häufigkeit von Beschwerdeanlässen beruhen auf Auswertungen der Branche. Da diese Befunde aber keine zuverlässigen Aussagen erlauben, werden hier keine Zahlenwerte genannt.

Fernseher landen im Vorgarten oder in der Ecke hinterm Haus. Auch der Balkon und das offene Fenster sind Orte, an denen sich Mieterinnen und Mieter entschließen, sich ihres Mülls zu entledigen, wenn sie Zigarettenkippen oder ihren Kühlschrank auf den Gehweg werfen. Und wem das Gassigehen zu mühselig ist, der kann seinen (kleinen) Hund auch einfach über die Brüstung des Balkons halten.

Dreck und Müll unterscheiden sich: Dreck wird hinterlassen, weil man ihn nicht als sein Eigentum betrachtet. Der Matsch unter den Schuhen oder der Staub in der Ecke gehört ja niemandem. Müll hatte einmal einen Wert, diesen aber verloren und in diesem Zuge »vergisst« sein Besitzer, dass es sich eigentlich ja um sein Eigentum handelt. Er fällt ihm einfach aus der Hand. Das Ergebnis ist das Gleiche wie beim Dreck: Der Gegenstand wird sozialisiert und damit zum Problem für Mitmenschen, die strengere Sauberkeitsnormen haben.

Zeug

Zu den prominenten Auslösern von Streit mit Nachbarn gehört das Abstellen von Gegenständen auf Gemeinschaftsflächen. Bewohner und Bewohnerinnen von Miethäusern ärgern sich über Bobbycars, Kickboards, Spielzeug, Fahrräder, Schuhe, Schränke, Topfpflanzen oder andere Gegenstände im Hausflur oder in den Kellergängen. Wer neben seiner Wohnungstür einen Schuhschrank aufstellt, nimmt ein Stück der Gemeinschaftsfläche in seinen privaten Besitz. Die eigene Wohnfläche wird ins Treppenhaus erweitert. Damit mutet man den Nachbarn den Anblick seiner Schuhe zu und schränkt vielleicht auch den Durchgang ein. Da dies zumeist ohne Zustimmung geschieht, bleibt offen, ob die Nachbarn dies hinnehmen oder um verlorenes Terrain kämpfen. Denn in Deutschland gilt: »Ordnung ist das halbe Leben.«

Lärm

Oft leiden Mieterinnen und Mieter unter Lärm im Haus. Wie Dreck ist Lärm eine Begleiterscheinung des Lebendigen: Unser körperliches Dasein bringt es mit sich, dass uns Gegenstände aus der Hand gleiten und auf den Fußboden poltern, dass wir sprechen und manchmal schreien, singen, lachen oder weinen. Die Musik wird laut aufgedreht, weil Menschen im Alter schwerhörig oder in jungen Jahren verliebt sind: »Der Mensch hat, neben dem Trieb der Fortpflanzung und dem zu essen und zu trinken, zwei Leidenschaften: Krach zu machen und nicht zuzuhören« (Kurt Tucholsky). Lärm und Dreck unterscheiden sich jedoch. Dreck bleibt draußen, während Lärm in die Wohnung des Betroffenen eindringt – zu jeder Zeit, in jeden Winkel. Man kann ihn nicht ignorieren. Zumal der nachbarschaftliche Lärm mit der Geräuschkulisse moderner Großstädte verschmilzt. Straßenverkehr, Kirchengeläut und Biergärten sind Ausdruck des Lebensstils und zugleich eine akustische Umweltverschmutzung.

Lärm wirkt direkt im eigenen Körper. Die Wirkung chronischen Lärms wird oft unterschätzt: Nervosität, erhöhter Blutdruck und Schlafstörungen. Akuter Lärm beeinträchtigt die Konzentration und die Erholung und hinterlässt ein Gefühl der Hilflosigkeit und Ohnmacht. Außerdem gilt Lärm wie Dreck als Indiz für eine gestörte nachbarschaftliche Beziehung. Wer sauber, ordentlich und leise ist, demonstriert hingegen seine kulturelle Überlegenheit.

Ein besonderer Fall ist Kinderlärm. Manche Mieter beklagen das Ballspiel von Kindern, andere ärgern sich über Trampeln, Weinen und Schreien von Kindern. Vermieter handeln bei Beschwerden über das Verhalten von Kindern nur in Ausnahmefällen – nämlich dann, wenn die »erweiterte Toleranzgrenze« klar überschritten ist. Das ist zum Beispiel der Fall, wenn ein Kind in der Nacht mit einem Lederball in der Wohnung Fußball spielt. Kindgemäßes Verhalten muss hingegen von Nachbarn toleriert werden. Was aber nichts daran ändert, dass Kinderlärm gelegentlich eine tiefe Abneigung zwischen Nachbarn begründet.

Gestank

Gerüche sind Fernwirkungen alltäglicher Tätigkeiten wie Kochen, Parfümieren, der Darmentleerung oder des Rauchens. Dringt der Geruch in die Nachbarwohnung, dann wird er dort als Gestank wahrgenommen. Gestank ähnelt Lärm: Man kann sich seiner Wirkung nicht entziehen. Sammelt ein Mieter im Sommer Obst und Gemüse, ohne sich über die Wirkung von Wärme und Insekten auf das wertvolle Sammelgut klar zu sein, so leidet die ganze Nachbarschaft unter der Fäulnis. Die Seniorin, die auf ihre Unabhängigkeit stolz ist, bemerkt vielleicht nicht, dass ihr Lieblingsplatz auf dem Sofa mit Urin getränkt ist, der bereits vor ihrer Wohnungstür zu riechen ist. Sehr selten allerdings dienen Gerüche dazu, Nachbarn gezielt zu ärgern. Der Wirkung von Zigarrenrauch und Deodorant auf empfindliche Nasen sind sich die Verursacher fast nie bewusst.

Resümee

Lärm, Dreck, Müll, Zeug oder Gestank sind Auslöser von Konflikten, weil die Nachbarin oder der Nachbar sich einen Raum aneignet, der zuvor als Niemandsland angesehen wurde: der Flur, die Luft oder die Stille in der Nacht. Natürlich bietet das Mietrecht für diese Gebietsverletzungen mehr oder weniger präzise Sanktionsmöglichkeiten. Auf diese beziehen sich die Konfliktparteien auch – jeweils so, wie sie die Gesetze und die Hausordnung verstehen (wollen). Wenn sich aber jeder im Recht fühlt, dann ändert das Mietrecht nur wenig daran, dass Lärm, Gestank, Müll, Dreck und Zeug den sozialen Sprengstoff zünden, der in nachbarschaftlichen Beziehungen verborgen ist.

Exkurs: Mediation und Konfliktlösung

Die Streitfälle zwischen den Nachbarn begegneten mir im Rahmen meiner Arbeit als Konfliktberater. Deshalb möchte ich hier ein paar Aspekte meines Vorgehens skizzieren. Im Wesentlichen handelt es sich dabei um Methoden der Mediation, die ich an meine Rolle als freier Mitarbeiter von Wohnungsunternehmen und den Tätigkeitsbereich der Wohnungswirtschaft anpasste. In diesem Überblick beschränke ich mich auf jene Grundpfeiler des Verfahrens, die sich für mich als besonders tragfähig erwiesen.[24]

Mediation ist ein »Dazwischentreten« unparteiischer Dritter zwischen streitende Personen oder Gruppen. Ziel einer Mediation sind tragfähige Verabredungen zwischen den Konfliktparteien. Dies können Kompromisse, Konsens, Kompensationen oder gegenseitiger Verzicht sein, mit denen festgelegt wird, wie ein umstrittenes Gut aufgeteilt, die Beziehung der Kontrahentinnen und Kontrahenten zukünftig gestaltet und das Einhalten der Verabredung geregelt wird. Neben dem Ziel der Ergebnisgerechtigkeit versucht eine Mediation immer auch, eine Verfahrensgerechtigkeit herzustellen, indem alle Parteien die Gelegenheit erhalten, ihre Sichtweisen, Bedürfnisse und Ziele darzulegen und gehört zu werden. Diese werden in einem transparenten Verfahren, über deren Ausgewogenheit der Vermittler wacht, mit dem Ziel erörtert, Einigungen zwischen den Parteien zu ermöglichen, die aus Sicht der Konfliktparteien günstiger sind als die Aufrechterhaltung des Streits. Dies unterscheidet Mediationen von Schieds- und Gerichtsverfahren, in denen der Schiedsmann oder die Richterin nicht nur für den Verlauf verantwortlich ist, sondern auch über das Ergebnis der Verhandlung entscheidet (vgl. Duss-von Werdt, 2005).

24 Hinweise zu Phasen einer Mediation und einzelnen Beratungstechniken gebe ich an dieser Stelle nicht. Dazu gibt es eine vielfältige Literatur (vgl. Montada & Kals, 2001; Besemer, 1999). Einzelne Abschnitte dieses Kapitels sind eine überarbeitete Fassung von Montau (2007).

Ziele und Hintergrund von Mediation

Als eine psychosoziale Praxis geht es in Mediationen erstens um die gegenseitige Würdigung im Streit erlittener Verletzungen von Bedürfnissen, zweitens um die Klärung kommunikativer Störungen und Blockaden zwischen den Parteien in der Eskalation des Konflikts und drittens um die Verhandlung sachlicher Interessen beider Seiten im Sinne eines Ausgleichs (Wandrey, 2004, S. 100). *Fünf Voraussetzungen* für ein gerechtes und erfolgreiches Mediationsverfahren werden immer wieder betont (z.B. Besemer, 1999; Deym-Soden, 2004, S. 132): die Freiwilligkeit, mit der sich die Streitenden beteiligen, die Neutralität oder Allparteilichkeit der Vermittlerin, die Selbstverantwortlichkeit der Parteien für die Erarbeitung und Vereinbarung von Lösungen, die aktive Beteiligung aller Konfliktparteien und die Vertraulichkeit. Mediation weist sich damit als Verfahren aus, dem es aus gesellschaftspolitischer Perspektive um die Etablierung demokratischer Regeln bei der Beilegung von Konflikten geht. Im direkten kommunikativen Austausch soll die Ungerechtigkeit einen Ort finden, an dem sie zur Sprache kommt, und kooperativer Gestaltung weichen.

Im weiten Tätigkeitsfeld der Mediation kann außerdem unterschieden werden zwischen auftragsbasierten und auftragslosen Mediationen. Wie bei jeder psychosozialen Dienstleistung vergeben in der auftragsbasierten Mediation Hilfesuchende an einen unabhängigen Dritten den Auftrag, ihnen bei der Klärung ihres Anliegens zu helfen. Die auftragslose Mediation ist der Spezialfall einer Hilfeleistung, die erbracht wird, ohne dass die Konfliktparteien dies gewünscht hätten. Im Falle meiner Arbeit für Wohnungsunternehmen handelte es sich um eine spezielle Mischung: Einerseits baten die Mietparteien beim Vermieter um Unterstützung, andererseits erwarteten sie kaum jemals ein Vermittlungsverfahren, sondern erhofften sich Sanktionen gegen ihren Widersacher.

Fragt man sich nach der methodologischen Basis für fast alle Spielarten der Konfliktmoderation, so kommt man am *Harvard-Konzept* nicht vorbei. Als Leitfaden für das sachgerechte Verhandeln geschrieben, bietet es einen Rahmen für jeden professionell Handelnden, der darauf abzielt, mit Streitenden oder als Streitender zu einvernehmlichen Lösungen zu kommen, also für Diplomatinnen, Polizisten, Sozialarbeiterinnen, Führungskräfte in der Wirtschaft, der Verwaltung und in Verbänden. Fisher, Ury und Patton (1984, S. 13) geht es dabei um

> »(1) die Bedeutung und Grenzen des ›sachgerechten‹ Verhandelns […], (2) den Umgang mit jemandem, der irrational zu sein scheint oder dessen Wertesystem, Einstellungen oder Verhandlungsstil anders sind, (3) Taktiken, zum Beispiel wo man sich treffen soll, wer das erste Angebot machen sollte und wie man von der Entwicklung von Entscheidungsmöglichkeiten zum Eingehen von Verpflichtungen übergeht, und (4) über die Rolle der Macht beim Verhandeln.«

Der Stellenwert des Harvard-Konzepts bezieht sich aber weniger auf detaillierte Handlungsanweisungen für Vermittler als auf eine klare Beschreibung einer konstruktiven Haltung für die Beteiligten, mit der ineffizientes und schädliches Verhalten vermieden werden soll. Im Kern geht es dabei um vier Merksätze (ebd., S. 31ff.): »1. Menschen und Probleme getrennt voneinander behandeln! 2. Nicht Positionen, sondern Interessen in den Mittelpunkt stellen! 3. Vor der Entscheidung nach Möglichkeiten für gegenseitigen Nutzen suchen! 4. Auf der Anwendung neutraler Beurteilungskriterien bestehen!« Grundlegend für das Harvard-Konzept ist die Annahme, dass Konfliktparteien an Lösungen, die ihnen nutzen, ein höheres Interesse haben als an solchen, die ihnen schaden. Weiterhin wird optimistisch unterstellt, dass Konfliktparteien sich bereitfinden, ihre Interessen als ›Verhandlungsmasse‹ in die Beratung einzubringen, wenn sie sich wertgeschätzt fühlen und dem Verhandlungsführer vertrauen. Die Klärung der persönlichen Beziehungen vor den Sachfragen gilt dabei als Königsweg, um trotz sachlicher Differenzen ein Arbeitsbündnis bei der Suche nach Lösungen zu etablieren. Wenn dies gelingt, entsteht eine Konstellation, in der hart über die Sache gestritten werden kann, ohne die Gegnerin oder den Gegner kommunikativ zu foulen. Allerdings gibt es einen Grad an Verfeindung, ab dem das Interesse an einer Lösung zum eigenen Vorteil nicht mehr handlungswirksam ist. In diesen Fällen überwiegt der Antrieb, dem Widersacher zu schaden. Wer den Nachbarn mit einem Kampftritt in den Rücken die Treppe herunter befördert, der genießt den Triumpf des Augenblicks und macht sich über den drohenden Verlust der Wohnung keine Gedanken.

Dem Optimismus des Harvard-Konzepts entspricht das positive Menschenbild einer anderen Quelle der Mediation: die *Gewaltfreie Kommunikation* von Marshall B. Rosenberg. Sie projiziert den Ansatz, durch gelungene Kommunikation Anerkennung und Respekt zu bekunden, Vertrauen zu fördern und widerläufige Interessen und Bedürfnisse zu koordinieren, aus psychotherapeutischen Ansätzen (in erster Linie der klientenzentrierten Gesprächsführung von Carl Rogers) in die Sphäre der Alltagskommunikation. Kern der Gewaltfreien Kommunikation sind *vier Komponenten*: Die Beteiligten sprechen aus, was sie am anderen beobachtet haben und was sie beeinträchtigt; zweitens äußern sie ihre Gefühle in Verbindung mit dem, was sie beobachtet haben; drittens erläutern sie ihre Bedürfnisse, Werte und Wünsche, aus denen ihre Gefühle entstehen; schließlich teilen sie dem Gegenüber mit, wie er mit dem Sprechenden und seinen Bedürfnissen umgehen soll (Rosenberg, 2005, S. 25f.). Das Verbalisieren dieser Komponenten in einer kritischen Interaktionssituation soll die Akzeptanz der eigenen Bedürfnisse beim Gegner befördern und den eigenen Respekt für die Bedürfnisse des Gesprächspartners bekunden.

Die Gewaltfreie Kommunikation ist also ein Ideal für gelungene Kommunikation, das in zweierlei Hinsicht für Mediation von Bedeutung ist: Zum einen geht es Rosenberg um die präventive Kraft seines Konzepts bei der Verhinderung zerstörerischer Folgen von Konflikten, die sich entfalten, wenn zu abweichenden Interessen und Sichtweisen Verletzungen des Gegenübers hinzukommen, die aus Vorurteilen und Abwertungen stammen. Werden die Regeln und die Haltung der Gewaltfreien Kommunikation eingehalten, so soll sie zweitens dazu beitragen, eskalierte Konflikte zu klären und zu befrieden, indem die Kontrahenten die Gefühle und Bedürfnisse, die den anderen bewegen, kennenlernen und akzeptieren. Diesen Optimismus teilt die Mediation mit dem Harvard-Konzept und der Gewaltfreien Kommunikation: durch die Etablierung von Respekt und Offenheit eine Gesprächssituation zu schaffen, in der Opponenten beginnen, sich gegenseitig zu vertrauen.

Vermitteln in der Praxis

Kern der Mediation ist also das Angebot an die Konfliktparteien, in einem wertschätzenden Rahmen selbstverantwortlich Lösungen zu entwickeln. Dies setzt voraus, dass die Parteien eigene Standpunkte, Wünsche und Ziele artikulieren können, wollen und dürfen. Dies kann für Menschen schwierig werden, die schon das Sprechen über Streit oder über eigene Bedürfnisse als unangemessen empfinden, sei es aus charakterlichen, kulturellen, generations- oder milieuspezifischen Gründen. Schon daran wird greifbar, dass eine Mediation viel mehr als eine Methode ist. Sie erfordert eine »Suchhaltung« und kommt einer »Aufforderung zum Experiment«

gleich, »die sich nicht verfahrensmäßig anhand von Regeln festschreiben läßt« (Schramkowski, 2005, S. 83).

Der Erfolg einer Mediation bemisst sich nicht nur am Zustandekommen von Vereinbarungen, sondern an mehreren Perspektivwechseln, die die Konfliktparteien im Laufe des Beratungsprozesses vollziehen: Während der Sitzungen soll sich die Richtung der Kommunikation in der Weise ändern, dass die Mediatorin sukzessive aus der Rolle der zentralen Figur, die im Zwiegespräch mit beiden Parteien steht, heraustritt und die Konfliktparteien direkt miteinander kommunizieren. Der Mediator greift dann nur noch moderierend ein, wenn Störungen beseitigt oder an die Gesprächsziele erinnert werden muss. Zweitens sollen die Konfliktparteien im Sinne des Harvard-Konzepts lernen, dass zwischen dem Gegner und seinen Interessen unterschieden werden kann – dass er also ein Kooperationspartner bei der Lösung eines gemeinsamen Problems ist. Drittens soll sich der Modus ändern, in dem die Parteien über den Konflikt sprechen: Typisch ist bei Beginn einer Mediation, dass sich beide Widersacher selbst als ein Opfer sehen, dem der Konflikt vom Gegner aufgenötigt wurde und das jedes Recht hat, sich zu wehren. Im Falle einer erfolgreichen Mediation beharren die Parteien nicht mehr auf ihrem Opferstatus. Diesen geben sie auf zugunsten einer Perspektive, in der die kooperative Gestaltung der Bedürfnisse und Interessen beider Parteien im Mittelpunkt steht. Ein vierter Perspektivwechsel ist der Leitstern des Verfahrens: Wenn es gelingt, dass die Parteien neben ihrem eigenen Blick auf das Konfliktgeschehen auch sehen, empfinden und anerkennen können, wie es der Widersacher erlebt hat, dann ist diese Perspektivübernahme eine anspruchsvolle mentale und zivilisatorische Leistung und zugleich ein solides Fundament für die Befriedung des Konflikts.[25]

Diesen methodischen Rahmen galt es auf Nachbarschaftskonflikte abzubilden. Eine Schwierigkeit lauerte gleich zu Beginn: Nur in Ausnahmefällen waren die Konfliktparteien auf Anhieb zu einem gemeinsamen Gespräch bereit. In den allermeisten Fällen dominierten deshalb zunächst pendeldiplomatische Gespräche, mit denen auf beiden Seiten Vorbehalte gegen den Runden Tisch abgebaut und für das Verfahren geworben wurde.

25 Auf die psychologische Forschung zu Perspektivübernahme und Empathie gehe ich hier nicht weiter ein. Auf jeden Fall helfen Mediationen dabei, Gewissheiten und Vermutungen über den Widersacher zur Sprache zu bringen und vielleicht auszuräumen: Kommunikation ersetzt Fantasie durch Information.

Das eigentliche Mediationsgespräch war dann bereits ein Erfolg der Bemühungen. Die vorbereitende Phase war entscheidend für den Erfolg: Die Mediation konnte erst gelingen, wenn beide Seiten den Wunsch zurückstellten, den Widersacher aus dem Wohnhaus zu verdrängen. Erst dann gaben sie einem konsensuellen Verfahren eine Chance.

Auch vertiefte ich nur selten die Vorgeschichte des Nachbarschaftskonflikts in der Ausführlichkeit, wie es zum Beispiel bei einer Mediation zwischen zerstrittenen Partnern einer Liebesbeziehung notwendig ist. Denn nur selten entwickelt sich ein Nachbarschaftskonflikt aus einer vormaligen Beziehung heraus – die Störung ist meistens der Beginn des »Interesses« aneinander. Der Blick wurde also recht zügig auf die gegenwärtige Lage und die Gestaltung des zukünftigen Zusammenlebens in derselben Wohnanlage geworfen.

Den Konfliktparteien war natürlich völlig klar, dass die Gespräche in einem wohnungswirtschaftlichen und mietrechtlichen Rahmen stattfanden. Zum einen versuchten sie diesen Umstand zu nutzen, um ein Entgegenkommen des Widersachers zu erzwingen – »Sonst gehe ich zum Anwalt!« Zum anderen machte ich selbst oft deutlich, dass der Runde Tisch eine Chance für die Parteien ist, eine Lösung jenseits der rechtlichen Bewertung des Streitgegenstandes durch den Vermieter zu finden – was für beide Parteien meistens von Vorteil war.

Die Nachbarschaftskonflikte, um die ich mich kümmerte, endeten auf unterschiedliche Weise: Ohne das beziffern zu können, fand ein Teil mit der Befriedung ihr Ende, das heißt, beide Parteien erklärten einzeln oder gemeinsam, dass der Streit für sie ein Ende gefunden hätte. Dabei blieb unklar, welche Aussagekraft und Geltungsdauer diese Erklärung hatte. In einem weiteren Teil endete die heiße Phase des Konflikts mit einem Burgfrieden: Der Hass blieb bestehen, aber der Kampf hörte auf. Oft endeten die Konflikte auch mit dem Auszug einer Partei – ein Ausgang, der zeigt, wie viel bei Nachbarschaftskonflikten auf dem Spiel stehen kann. Und schließlich eskalierte mancher Streit zu körperlicher Gewalt.

Noch ein paar praktische Hinweise: Damit ein Mediator einen Konflikt erfolgreich bearbeiten kann, sollte er sich *drei Fragen* beantworten: Mit wem habe ich es zu tun? (Bin ich mit dieser Art von Parteien hinreichend vertraut?) Worüber wird wirklich gestritten? (Welche Konflikte stehen im Hintergrund des manifesten Streits?) Was kann ich tun? (Sind meine Methoden geeignet, die Ziele der Parteien zu erreichen?) Der Erfolg des Verfahrens hängt mithin davon ab, ob man über ausreichend Erfahrung,

Wissen und Handwerkszeug verfügt, um die Servicenutzerinnen und -nutzer erfolgreich zu unterstützen.

In diesem Buch beschreibe ich Fälle, in denen meine Vermittlungsversuche gescheitert sind. Neben meiner eigenen Ungeschicklichkeit lag ein wesentlicher Grund für die Misserfolge auch darin, dass es mir nicht gelang, das Vertrauen von Konfliktparteien zu gewinnen. In interkulturellen und intergenerationalen Konflikten wurde ich von Parteien gelegentlich auf der Seite des Widersachers verortet, weil mir aufgrund meines Auftretens (oder Aussehens) Parteilichkeit unterstellt wurde: Manchen war ich zu jung, anderen zu alt, manchen zu »deutsch« und bei anderen galt ich als »Ausländerfreund«, und manchen Menschen war ich wohl einfach nur unsympathisch oder mein Vermittlungsangebot erschien ihnen suspekt.[26] Mediationen scheitern aber auch, weil die Befriedung des Konflikts ein Minimum an Bereitschaft erfordert, ein gutes Ergebnis zuzulassen. Zerwürfnisse versprechen allerdings oft eine tiefe Genugtuung, sodass dann jeder Befriedungsversuch scheitert. Damit möchte ich sagen: (Konflikt-)Beratung ist auch eine Übung in Demut.

26 Dies alles geschah nur selten offen. Ganz sicher aber taxierte mich jede Partei, bevor sie sich auf einen Runden Tisch einließ. Das bedeutet: Jeder Vermittler hat nur eine begrenzte Reichweite und muss mit den Parteien und sich selbst klären, ob er der Richtige ist.

Nachbarschaftskonflikte sammeln und auswerten

Ich habe 16 Nachbarschaftskonflikte ausgewählt, die die empirische Basis dieser Erkundung bilden. Ich beschreibe hier zunächst das Entstehen und den Charakter der empirischen Daten, da dies ihre Reichweite und ihre Grenzen verdeutlicht. Anschließend beschreibe ich methodische Aspekte der Auswertung des Datenmaterials.

Im Quartier unterwegs

Als selbstständiger Berater habe ich in Niedersachsen für insgesamt elf Wohnungsunternehmen gearbeitet.[27] Bei den Unternehmen handelte es sich um Wohnungsgenossenschaften und Wohnungsgesellschaften im öffentlichen oder privaten Besitz. Die Wohnanlagen, in denen ich eingesetzt wurde, sind in Niedersachsen verstreut, wenngleich meine Arbeitsschwerpunkte in der Region Hannover, in Osnabrück und in Braunschweig lagen. Ich arbeitete fast im gesamten Spektrum des Mietwohnungsmarkts, nur hochpreisige Wohnanlagen waren unterrepräsentiert. Entsprechend vielfältig waren die Menschen, mit denen ich es zu tun hatte: Kleinbürger, Mörder, Sterbende, Psychotiker, Vereinsamte, Großfamilien, Handwerkerinnen, Professorinnen, Verwaltungsfachangestellte, Erwerbslose und auch ein ehemaliger Bundesminister, den seine Nachbarn quälten.

---

27 Mit diesem Ansatz arbeiteten Kollegen und ich zwischen 1998 und 2017 für Wohnungsunternehmen unter dem Label WohnCoaching. In diesen Zeitraum datieren die hier erwähnten Fälle. Der Wohnungsbestand, in dem wir arbeiteten, umfasste zeitweise ca. 40.000 Wohneinheiten. Seit mehreren Jahren arbeite ich nun als Trainer und Berater für Immobilienunternehmen. Dieses Buch schreibe ich ohne berufliche Ambition.

Neben anderen sozialen »Notfällen« wie Verwahrlosungen oder drohendem Wohnungsverlust wegen Mietschulden war die Befriedung von Nachbarschaftskonflikten meine wesentliche Aufgabe. Zumeist lag der Beauftragung eine mündliche oder schriftliche Beschwerde einer der Konfliktparteien zugrunde. Ich nahm dann mit allen Beteiligten Kontakt auf, um mir ein umfassendes Bild zu machen. Je nach der Bereitschaft der Konfliktparteien kam es dann zu Runden Tischen oder anderen Verfahren der Mediation, die das Ziel einer Befriedung des Konflikts hatten. Wie bereits beschrieben, wurden Konflikte oft aber auch durch pendeldiplomatische Gespräche bearbeitet, wenn die Parteien nicht zu einem gemeinsamen Gespräch bereit waren. Wenn sich dann in Pendelgesprächen Lösungen ergaben, die eine gewisse Tragfähigkeit bewiesen, stieg das Vertrauen und das Zutrauen der Parteien, es nun auch am Runden Tisch miteinander zu versuchen. Sowohl die Einzelgespräche mit einer Mietpartei als auch die Runden Tische fanden oft in den Wohnungen der Mieter statt. Das hatte den großen Vorteil, die Menschen in ihrer Alltagsumgebung zu erleben.[28]

Die Beratungs- und Mediationsgespräche, die ich mit den Mieterinnen und Mietern führte, waren von der Erwartung begleitet, dass ich ihren Interessen zur Geltung verhelfe. Das lag sicherlich auch daran, dass fast niemals ein Beschwerdeführer sich wünschte, dass jemand käme, um zu vermitteln – aus ihrer Sicht handelt es sich also um eine auftragslose Mediation. In den meisten Fällen musste ich deutlich machen, dass eine Befriedung des Konflikts nur unter Beteiligung beider Seiten möglich ist.

Natürlich waren meine Gespräche mit den Mietern lösungsorientierte Beratungsgespräche und keine offenen Interviews, in denen sich die Narrationen der Gesprächspartner freier entfalten. Die Interessen der Mieter, der Auftrag vom Vermieter und meine Möglichkeiten als Vermittler mussten sich zur Deckung bringen lassen – und die sind erst einmal wenig kompatibel. Manche der Gespräche waren deshalb konfliktreich und vom Vorwurf geprägt, ich wolle den Mietern nicht wirklich helfen, zum Beispiel wenn ich es verweigerte, beim Vermieter die Kündigung des Nachbarn zu lan-

28 Und manchmal half dieses Vorgehen auch, ein gutes Ergebnis zu erzielen. Denn oft setzte sich eine gewisse Höflichkeit zwischen Gast und Gastgeber gegen die Streitlust durch. Außerdem konnten die Besucher nun sehen, wie ihr Nachbar in seiner Wohnung lebt, was auch zur Entspannung beitragen kann.

cieren. Ein Vermittler ist nicht immer gern gesehen, wenn jemand vorhat, seinen Widersacher zu beseitigen. Andere Mieter waren irritiert, dass ihr Vermieter überhaupt einen Vermittler beschäftigt, und fragten sich, ob sie sich auf ein Gespräch mit mir einlassen sollten. Meine eigene Lage war oft also prekär – widerruflich, unsicher und heikel.

Diesen Hürden steht der Gewinn gegenüber, den die Besuche bei den Konfliktparteien hatten: Die Mieterinnen und Mieter offenbarten, wenn sie mich in ihre Wohnungen ließen, unwillkürlich einen Teil ihres privaten Lebens – die Familienfotos auf der Fensterbank, das geerbte Büfett mit dem wertvollen Porzellan in der Küche, 30 Zentimeter Müll auf dem Fußboden, dutzende leere Wodkaflaschen im Wohnzimmer. Die Besuche bei den Menschen machten die Konflikte auf eine Weise lebendig, die sich sprachlich kaum abbilden lässt: Ähnlich wie die Berufe der Psychotherapeutin, der Ärztin, des Frisörs, des Raumpflegers, der Polizistin und des Gastwirts erhält man einen tiefen Einblick in die Denk- und Fühlwelten von Bevölkerungsgruppen, zu denen ein Akademiker mittleren Jahrgangs sonst kaum einen Zugang hat.

Eingebettet waren die Gespräche in mietrechtliche Fragestellungen: Bei Beschwerden über Lärm galt es zum Beispiel zu klären, ob es tatsächlich zu einer Störung des Hausfriedens gekommen war. Das unterscheidet die Vermittlung zwischen streitenden Mietern im Auftrag des Vermieters von anderen Feldern der Mediation: Eine Vermittlung war für die Mieterinnen und Mieter immer nur eine Alternative zum Rechtsstreit. Und leider waren Rechtsanwälte und Mietervereine nur sehr selten bereit, nachhaltige konsensuelle Strategien zu unterstützen. Daneben waren manche Anliegen von Mietern zwar interessant, sprengten aber meinen Auftrag, zum Beispiel wenn ein Rechtsextremist mich in seiner Verzweiflung um Unterstützung bat, weil seine Partnerin ihn wegen eines Nachbarn mit Migrationshintergrund verlassen hatte.

Die Beratungsgespräche mit den Mietern waren selbst also schon Zwitter – zwischen mietrechtlicher Klärung, Vermittlung zwischen streitenden Nachbarn und psychosozialer Beratung. Der Zugang zu den Alltagswelten der Mieterinnen und Mieter durch die Hausbesuche und ihre gelegentlich intimen Berichte über das, was sie im Alltag quält, macht diese Daten zu einem wertvollen empirischen Material. Die Arbeit in der Mieterberatung war für mich in dieser Hinsicht immer auch ein Stück Feldforschung im Sinne der Untersuchungen der Chicagoer School wie *Street Corner Society* (1943) von William Foote Whyte.

Empirische Daten

Insgesamt habe ich mich um mehr als 700 Nachbarschaftskonflikte gekümmert. Die Bearbeitungsdauer schwankte dabei erheblich: Bei einem Teil gab es lediglich kurze Gespräch mit den Konfliktparteien und wenn diese sich keine Zusammenarbeit mit mir vorstellen konnten, war es auch schon vorbei. Andere Konflikte zogen sich über mehrere Jahre hin. Auch die Zahl der involvierten Nachbarn schwankte: Die meisten Konflikte entsprachen dem Klischee von zwei streitenden Parteien, jedoch gab es genauso Auseinandersetzungen, in denen acht oder neun Nachbarn einer einzelnen Person gegenüberstanden. Und gelegentlich stritten zahlreiche Mietparteien kreuz und quer miteinander, ohne dass sich auf Anhieb erkennen ließ, ob und was diese Konflikte miteinander zu tun hatten.[29] Überhaupt war es weiterführend, das Umfeld eines Konflikts auszuleuchten und mit scheinbar unbeteiligten Nachbarn zu sprechen: Oft hatten diese eine Meinung zum Geschehen, vielleicht sogar eine Position; es kam für sie jedoch nicht infrage, sich offen einzumischen.

Betrachten wir die Datengrundlage dieser Auswertung: Da sind zunächst die *Beschwerdeschreiben*, mit denen sich Mieter an ihren Vermieter wandten, um eine Verbesserung ihrer Lage im Wohnumfeld zu erreichen.[30] Es handelt sich bei diesen Beschwerden natürlich nicht um nachträgliche und bilanzierende Berichte, sondern es sind Momentaufnahmen des Konflikts aus der Sicht desjenigen, der eine dritte Seite, den Vermieter, anruft, damit sich etwas ändert. Die Beschwerdeschreiben haben deshalb die klar sichtbare Intention, die Rechtmäßigkeit des eigenen Anliegens zu unterfüttern und das Handeln des Widersachers zu beschreiben und oft auch zu diskreditieren. Des Weiteren haben diese Schreiben als Adressaten oft nicht nur den Vermieter im Sinn, sondern auch bereits den Anwalt, den man bei Bedarf später einmal beauftragten könnte, wenn man beim Vermieter auf taube Ohren träfe, oder sogar das Gericht, das sich letztendlich einmal mit dem Fall zu beschäftigen hätte. Insgesamt handelt es sich bei den schriftli-

29 Dieser Umstand macht es auch unmöglich, exakt anzugeben, um wie viele Konflikte ich mich gekümmert habe. Auch das erneute Aufflackern und Ausdehnen von Konflikten auf Nachbarn, die zuvor unparteiisch waren, erschweren die Zählung.

30 Nicht in jedem Fall liegen Beschwerdeschreiben vor. Und oft formulierten die Beschwerdeführer lediglich tabellenartige Störungsprotokolle, die in Stichworten Störungszeitpunkte und -quellen auflisteten.

chen Beschwerden, die hier ausgewertet werden, also um Zweckschreiben, die natürlich nicht an einen Sozialforscher adressiert wurden. Das hat den großen Vorteil, dass die Schreiben von »Mietern als Konfliktparteien« verfasst wurden und nicht von »Befragten einer Untersuchung über Nachbarschaftskonflikte«. Anders formuliert: Die Schreiben wurden nie unter dem Aspekt formuliert, später einmal ausgewertet zu werden.[31]

Eine zweite empirische Quelle dieser Untersuchung sind die *handschriftlichen Aufzeichnungen* von mir selbst, die ich während und unmittelbar im Anschluss an meine Gespräche mit den Mieterinnen und Mietern anfertigte. Dabei handelt es sich nicht um Rohdaten, die frei von Interpretationen und Bewertungen wären. Ganz im Gegenteil: Als Sozialberater hatte ich eine pragmatische Perspektive auf die Schilderungen der Konfliktparteien: Ich verfolgte das Ziel, einen Beitrag zur Befriedung der Konflikte zu leisten, nicht zuletzt, weil davon mein beruflicher Erfolg abhing. Zudem bin ich zwar darin geschult, Konfliktparteien nicht in Gut und Böse zu unterscheiden und stattdessen einen allparteilichen Ansatz zu verfolgen, jedoch erhebt das weder den Sozialberater noch den Sozialforscher über die Schlaglöcher menschlicher Sympathie und Antipathie oder auch einer moralischen Bewertung des Geschehens. Ich erinnere mich gut an ein Ehepaar, das seiner rassistischen Einstellung unter anderem dadurch Ausdruck verlieh, dass es immer wieder den Putzeimer der Reinigungskraft umstieß, wenn diese das Treppenhaus wischte. Das fand ich natürlich empörend und setzte viel daran, dem ein Ende zu bereiten. Ähnlich entrüstet war ich, als ein Mieter mit Migrationshintergrund mich als »Nazi« titulierte, nachdem ich ihn ansprach, weil er seinen Müll aus dem Fenster warf. Der eigene Ärger, die Empörung oder auch Irritation ist selbst ein Teil des Konfliktgeschehens, da der Vermittler – wie auch der Sozialforscher –, sobald er sich in sein Feld begibt, kein Beobachter bleibt, sondern ein Beteiligter des Geschehens wird. Dies gilt umso mehr, da ich als Mediator mit einem klaren Handlungsauftrag in die Nachbarschaftskonflikte eingriff und mein Handeln selbstverständlich eine Intervention war und von den Konfliktparteien auch so begriffen wurde.

31 Bis auf zwei Fälle, bei denen die Gesprächspartner eine Veröffentlichung freiheraus wünschten, wird zur Wahrung der Urheberrechte und des Datenschutzes nicht aus den Beschwerdeschreiben zitiert. Ich gebe allenfalls persönlich nicht zuordenbare Phrasen wieder. Namen, Orte, Daten wurden durchgängig pseudonymisiert. Auch wird nicht sichtbar, wer die Vermieter der Konfliktparteien sind.

Bei schwerwiegenden Fällen, die drohten, zu einem Rechtsstreit zu werden, schrieb ich ausführliche *Berichte*, die zum Beispiel für die Geschäftsführung oder die Rechtsabteilung der Wohnungsunternehmen eine der Grundlagen für ihr weiteren Vorgehen waren. Schon beim Formulieren dieser Berichte war völlig klar, dass sie Gegenstand einer Erörterung vor Gericht werden könnten. Häufig schrieb ich Berichte oder Betreuungsanregungen auch direkt an Behörden, Ämter oder Gerichte. Ein Teil der Personen, um die ich mich kümmerte, litten unter schweren seelischen Erkrankungen. In diesen Fällen ging es darum, Unterstützung zu organisieren. Dieser Auswertung liegen in zwei Fällen solche *Fallbeschreibungen* zugrunde.

Auswerten und Beschreiben der Konflikte

Am Anfang dieser Untersuchung stand die Entscheidung, hier nur solche Nachbarschaftskonflikte aufzunehmen, bei denen Befriedungsversuche gescheitert sind. Versagt der eigene Arbeitsansatz, so zeigen sich die Grenzen der eigenen Kompetenz. Suchbewegungen auf unbekanntem Terrain bergen das Risiko des Scheiterns, aber auch die Chancen, Neuland zu erschließen, da sie ein neue Orientierung erfordern. Da wird es interessant.

Ich versuche aber noch aus einem anderen Grund, mich hier außerhalb der Erfolgsgeschichten zu bewegen, die ich über meine Arbeit als Konfliktberater erzählen könnte. In einem gesellschaftlichen Kontext, in dem das Inszenieren des eigenen Erfolgs üblich ist, um sich gewinnbringend zu verkaufen, erstarrt das Erzählen von Erfolgsgeschichten zu einem öden Ritual, denn Erfolge folgen herkömmlichen Erwartungen. Geschichten vom Scheitern bergen so oft die spannendere narrative Form, da sie dem Leser und der Leserin einen tieferen Einblick in das Denken, Fühlen und Handeln der Akteure bieten.

Um einen Fall in diese Untersuchung aufzunehmen, musste ich mich außerdem an die beteiligten Personen und den Ablauf des Konflikts deutlich erinnern können oder über genügend schriftliches Material verfügen.[32] Die empirische Fülle ist also wichtig für die Auswahl der Fälle. Dabei geht es um mehr als die Menge der empirischen Daten: Ergiebig ist ein Fall erst dann, wenn er hinreichend komplex ist, also die Konfliktparteien über

32 Die Berichte und Schreiben, die mir über die einzelnen Fälle vorliegen, wirken als ein Korrektiv meiner Erinnerungen. Diese halte ich zwar für akkurat, sie mögen die zurückliegenden Ereignisse dennoch verzerren oder überformen.

eine längere Zeit intensiv miteinander verstrickt waren. Unter einer Verstrickung verstehe ich starke Gefühle, Werturteile und direkte Konfrontationen. Es sollte in den Fällen also etwas auf dem Spiel stehen.[33]

Was folgte, war ein iterativer Prozess des Verstehens, in dem ich mir zunächst ein paar Fälle vor Augen führte und sie in einen Vergleichshorizont einbettete, in dem ich Ähnlichkeiten und Unterschiede zwischen ihnen suchte. Die Auswahl der Fälle folgte dabei zunächst einfach der Intuition, dass sie etwas miteinander zu tun haben könnten. Erkannte ich prägnante Unterschiede oder Gemeinsamkeiten, so galt es, diese auf einen Begriff zu bringen, der das Verstehen vorantreiben könnte. Dabei bediente ich mich soziologischer und sozialpsychologischer Theoreme, die einen Beitrag zum Verstehen interpersonaler Konflikte leisten. Diese bilden jene Konfliktlinien, die ich zuvor skizziert habe. In einer Pendelbewegung verdichtete sich sukzessive der Verstehensprozess, indem die Theoreme und die empirischen Daten sich wechselseitig erläuterten und kommentierten. Erschien mir das Material hinreichend geklärt, so erweiterte ich das beleuchtete Feld und bezog weitere Fälle und Theoreme in die Analyse ein. Dabei versuchte ich, vielversprechende Fälle heranzuziehen, die neue Aspekte und Variationen des Themas zutage fördern könnten. Dieses Vorgehen entspricht dem Ansatz der Grounded Theory:

> »Die beobachteten Phänomene werden in Bezug gesetzt zu allgemeinen Begriffen und Ideen, auf die sie verweisen bzw. mit denen sie in sinnvollen Zusammenhang gebracht werden können […]. Diese Arbeit des Konzeptualisierens der Daten wird *Kodieren* genannt. Dahinter steckt die Suche nach gegenstandsadäquaten Begriffen mit Verallgemeinerungscharakter (›treffenden‹, kreativen, häufig auch neuartigen Sprachausdrücken). […] Auf Basis der Analyse der erhobenen Daten wird im Fortgang des Forschungsprozesses entschieden, welche Phänomene und Fälle als Nächstes […] untersucht werden (Prinzip des ›Theoretical Samplings‹)« (Breuer, 2009, Kap. 2.3).

Als Ergebnis dieser hermeneutischen Pendelbewegung bildeten sich sieben Kategorien, die jeweils zwei bis drei Konfliktfälle und mehrere sozialwis-

33 Damit bleiben hier die Fälle unberücksichtigt, in denen sich Mieter über eine Störung beschwerten, ohne in eine persönliche Auseinandersetzung mit Nachbarn verstrickt zu sein. Solche Fälle bergen zwar jederzeit die Gefahr, »persönlich« zu werden, können allerdings auch sehr lange ohne jede Eskalation auskommen.

senschaftliche oder psychologische Theoreme integrieren. Sowohl die Theoreme als auch die Fälle sprangen während der Analyse immer mal wieder aus einer Kategorie in eine andere. Und auch die Zahl, die Definition und die Grenzen der Kategorien waren zunächst flüssig. Erst nachdem weitere Überlegungen und Fälle keinen wesentlichen Neuigkeitswert mehr erbrachten, verfestigten sich die Kategorien und ihre Grenzen.

An diesem Punkt angelangt stellt sich in jeder sozialwissenschaftlichen Untersuchung die Frage nach der Präsentation der Ergebnisse. Das ist ganz wesentlich eine Aufgabe der narrativen Modellierung. Diese folgt einerseits den wissenschaftlichen Erkenntnissen, andererseits auch persönlichen Vorlieben und Selbstzuschreibungen. Schon die Länge einer Studie und der Zuschnitt der Kapitel sind dramaturgische Mittel, die die Aufmerksamkeit von Leserin und Leser steuern. Ebenso ist der Rückgriff auf Sekundärliteratur nicht nur fachlich bedingt, sondern auch ein symbolischer Akt, mit dem Autoren ihre wissenschaftliche Expertise und ihre akademische Zugehörigkeit markieren. Schließlich prägt auch die Erzählweise, wie der Leser die Fälle und die ganze Untersuchung verstehen wird: Offenbart das empirische Material das Scheitern der Akteure? Oder zeigen die empirischen Fälle, wie die Akteure Schwierigkeiten bewältigen, sich entwickeln und sich alles zum Guten wendet? Oder nimmt der Autor eher eine Lesart vor, in der die Akteure trotz besseren Wollens ins Verderben laufen (vgl. White, 2008)?

Die literarische Form dieser Untersuchung folgt zunächst der Intention, die Jahre meiner Arbeit mit streitenden Nachbarn anschaulich zu dokumentieren. Insofern möchte ich hier eine Auswahl bemerkenswerter Konflikte erzählen. Denn ich habe die Konflikte oft als eine eigenartige Mischung banaler und bizarrer Vorgänge empfunden – und meine Arbeit wie eine tägliche Expedition in Gefilde unserer Gesellschaft, die zugleich gewöhnlich und exotisch sind. Deshalb geht es hier nicht »nur« um eine wissenschaftliche Analyse von Konflikten im sozialen Nahraum, sondern auch um eine ethnografische Schilderung des Zusammenlebens in den Wohnhäusern unserer Städte. Die Fallgeschichten sind aber natürlich keine naturalen Beschreibungen. Zwangsläufig sind sie stets auch artifizielle Verdichtungen der Geschehnisse. Gerade der groteske Charakter mancher Auseinandersetzung sorgte dafür, dass ich sie als Tragödie oder Komödie verstand und hier beschreibe.[34]

34 Die Fallgeschichten befinden sich in einem Grenzbereich von empirischer Analyse und literarischer Verdichtung. Der Grad der narrativen Modellierung wirft die Frage auf, ob

Die recht kurzen Fallgeschichten sollen außerdem gut lesbar sein. Qualitative Sozialforschung kann mit dem Pfund wuchern, gleichzeitig erkenntnisreich *und* anschaulich zu sein. Als Leser habe ich sowohl Vertreter mit wissenschaftlichem Interesse als auch Kolleginnen aus der Immobilienwirtschaft und auch Leser ohne fachlichen Hintergrund vor Augen. Dafür lasse ich Diskussionen aus, die die Vertreter der angesprochenen Disziplinen in Fachbüchern eigentlich erwarten dürfen.

es sich überhaupt noch um eine wissenschaftliche Arbeit handelt. Die literarische Verdichtung ist allerdings auch ein Versuch, die Gefühle der Akteure greifbar zu machen. Diese sind eben eine wesentliche Ebene des Konfliktgeschehens. In diesem Verständnis meint narrative Psychologie nicht nur das Verstehen *von* Geschichten, sondern auch das Verstehen *durch* Geschichten.

Überblendung: Der Film im Kopf

Am Entstehen von Nachbarschaftskonflikten sind oftmals projektive Mechanismen beteiligt, die die Unversöhnlichkeit vertiefen, sie bis zum Hass steigern und zugleich eine tiefe Intimität zwischen den Widersachern implementieren. Bei der projektiven Identifizierung werden eigene tabuisierte Triebregungen, Unbewusstes oder Verdrängtes einer anderen Person zugeschrieben – was zu der festen Überzeugung führt, der Widersacher sei wirklich das, wozu man ihn erst gemacht (vgl. Pohl, 2010). Sein Bild wird von eigenen unliebsamen Persönlichkeitsanteilen gleichsam überblendet. Den Akteuren gelingt es so, »etwas nach außen zu werfen, was in sich selbst zu erkennen oder selbst zu sein man sich weigert« (Laplanche & Pontalis, 1972, S. 406).

Betrachten wir mit drei Fallbeispielen, wie Menschen dahin kommen, als Gegner miteinander vertraut zu sein, während sie sich als Nachbarn fremd bleiben.

Die verstoßene Tochter

Irgendwann stehe ich vor der Tür. Petra Massloff nickt unsicher, als sie mich hereinbittet. Gern trinke ich mit ihr einen Kaffee. Die junge Frau mit langen schwarzen Haaren ist mir sympathisch. Sie trägt eine Pumphose und eine Bluse mit orientalischen Mustern. Dann lasse ich die Katze aus dem Sack: »Frau Büscher hat Ihren Vermieter angerufen und sich dort über eine starke Geruchsbelästigung beschwert. Sie hat beschrieben, dass sie unter starkem Asthma leidet und dass Ihr Zigarettenkonsum für sie eine hohe Belastung ist. Ich möchte einfach nur mit Ihnen ins Gespräch kommen, um die Situation hier im Haus besser kennenzulernen und um mit Ihnen zu schauen, ob sich etwas tun lässt, um das nachbarschaftliche Verhältnis zu verbessern.«

Frau Massloff schaut mich entgeistert an. Erst hechelt sie kurz, dann bricht es aus ihr heraus: »Das kann ja wohl nicht sein! Das glaub ich jetzt nicht!« Sie beschreibt mir, wie glücklich sie über ihre neue Wohnung ist. Sie hatte stets guten Kontakt zu ihrer Nachbarin. Frau Büscher klingelte immer mal wieder an ihrer Wohnungstür und brachte ihr etwas frisch gebackenen Kuchen vorbei. Einmal nahm Frau Büscher sie zum Abschied fest in den Arm, was Frau Massloff etwas aufdringlich fand.

Im weiteren Verlauf des Gesprächs erkläre ich ihr, dass sie in ihrer Wohnung natürlich rauchen darf, wie sie will. Auch ihre selbstgedrehten Zigaretten seien kein Problem. Mein Besuch erkläre sich dadurch, dass Frau Büscher sich entsetzt über ihre »Rücksichtslosigkeit« geäußert habe. Auch sei Frau Büscher nicht bereit, Frau Massloff selbst anzusprechen. Sie wolle mit ihr »nichts zu tun haben«. Auch sei sie sich sicher, dass nicht nur Zigaretten, sondern auch Drogen offen konsumiert werden. Insbesondere wenn Frau Massloff mit ihrem Besuch auf ihrer kleinen Terrasse rauche, ziehe der strenge Geruch in ihre Wohnung. Sie dichte Türen und Fenster bereits mit nassen Lappen und Tüchern ab. Trotzdem habe sie in letzter Zeit Kopfschmerzen und ihr sei schwindelig.

Petra Massloff gewinnt nur langsam ihre Fassung wieder. Niemals hätte sie vermutet, dass Frau Büscher verärgert sein könnte. Sie will sofort nach unserem Gespräch hinübergehen und Frau Büscher zur Rede stellen. – Nach wenigen Tagen ruft mich Frau Massloff an. Frau Büscher habe ihre Tür nicht geöffnet, weder beim ersten noch beim x-ten Versuch. Natürlich sei sie zu Hause gewesen, aber auch auf das Rufen an der Tür habe sie nicht reagiert.

Das macht mich hellhörig. Ich beginne, mich um Frau Büscher zu sorgen. So besuche ich sie am nächsten Tag. Sie ist aber gesund und guter Laune. Ihr Kuchen ist wirklich lecker. Als die Rede auf Frau Massloff kommt, versteinert sich ihr Gesicht. Sie wiederholt, was sie schon der Verwaltung gesagt hat: Ein gemeinsames Gespräch schließe sie aus. Ich erkläre ihr, dass gegen das Rauchen der Nachbarin nichts einzuwenden ist. »Dann muss ich eben leiden«, erwidert Frau Büscher, steht abrupt auf und bugsiert mich vor die Wohnungstür. In der Folgezeit unternimmt Claudia Büscher mehrfach bei der Wohnungsverwaltung Anläufe, Frau Massloff das Rauchen verbieten zu lassen. Den »unfreundlichen Mann« – also mich – wolle sie nicht wieder sehen. Ihrer Nachbarin scheint sie weiterhin aus dem Wege zu gehen. Es vergehen Monate.

Was könnte Menschen dazu bringen, wieder einen Schritt aufeinander zuzugehen? Ist es der Glaube, doch noch einen endgültigen Sieg erringen zu können? Sind es Scham- oder Schuldgefühle? Ist es der Wunsch, keinen Widersacher um sich zu haben, der jederzeit aus der Deckung springen könnte? Gibt es ein Bedürfnis nach echtem Frieden? Oder ist es blanker Zufall, der Menschen wieder zusammenbringt? Jedenfalls laufen sich Frau Massloff und Frau Büscher irgendwann über den Weg. Und sie reden miteinander. Es bricht aus Frau Büscher heraus: »Ich ertrage das nicht noch einmal. Ich war so vor den Kopf gestoßen.« Und Frau Massloff hat keine Ahnung, wovon die Rede ist.

Der Hintergrund dieser Abneigung lässt sich am besten mit kühlen und knappen Worten beschreiben: Frau Büscher hat eine Tochter, die sie vor mehr als zehn Jahren aus der gemeinsamen Wohnung gejagt hat, nachdem sie diese mit ihrer Freundin im Bett erwischt hat. Außer einigen missglückten Klärungsgesprächen gab es nie wieder Kontakt. Erst wollte die Mutter nicht mit der Tochter reden, dann umgekehrt. In Frau Massloff fand Frau Büscher so etwas wie die verlorene Tochter wieder. Ihre ziellose Mutterliebe galt nun der nichtsahnenden Nachbarin. Nachbarschaft wurde zur Mutterschaft. Bis Frau Büscher die Nachbarin in einer innigen Umarmung mit ihrer Partnerin sah.

Angewidert erzählt mir Frau Massloff von diesem Gespräch: Weder galt die Freundlichkeit noch der Hass der Nachbarin wirklich ihr. Sie wurde in eine Geschichte verstrickt, mit der sie nichts zu tun hat und haben will. Sie fühlt sich benutzt. Sie nimmt sich vor, Frau Büscher zukünftig kühl und höflich zu begegnen. Gardinen hängen nun vor ihren Fenstern. Mit Kuchen lässt sie sich nicht mehr locken.

Bei Frau Büscher haben sich Vergangenheit und Gegenwart überblendet. In ihrer Fantasie verschmelzen Frau Massloff und ihre Tochter. Wir haben es hier mit einer »Übertragung« oder »falschen Verknüpfung« zu tun (Sigmund Freud). Erfahrungen aus einer vergangenen Beziehung werden einer aktuellen übergestülpt: Der Nutzen besteht in der Illusion, »dass das unbekannte Objekt bereits bekannt ist« (Ogden, 2006, S. 213). Oft sind es unangenehme oder tabuisierte Aspekte, die übertragen werden. Und die deshalb umso mächtiger die Wahrnehmung verzerren. Zumeist geht es dabei um die Übertragung von Gefühlen zu Bezugspersonen der eigenen Kindheit auf spätere enge Beziehungen. Hier hingegen ist die verstoßene Tochter als ein mahnender Geist in den Körper von Frau Massloff gefahren und neben Frau Büscher eingezogen.

Begegnen uns fremde Menschen, dann wissen wir nicht, was wir in ihnen wachrufen. Freundschaft kann uns helfen, es kennenzulernen. Distanzierte

Höflichkeit kann uns davor schützen, es jemals erfahren zu müssen. Unsere Nachbarn aber laufen uns immer wieder über den Weg – wir werden sie nicht los. Und so bildet sich eine surreale Dunkelkammer der Nachbarschaft: Diese ist angefüllt mit irrlichternden Zerrbildern, flüchtigen Eindrücken, Fantasien und alten Gefühlen. Diese scheuen das Licht und prägen doch, wie unsere Nachbarn uns sehen und was wir glauben, wer neben uns wohnt.

Aus der Bahn geworfen

Die Deutsche Bahn baute über Jahrzehnte einen Wohnungsbestand für ihre Mitarbeiterinnen und Mitarbeiter auf. Nach dem Krieg gebaut, haben diese Häuser die Jahrzehnte einigermaßen überstanden. Sie liegen an Bahndämmen, zumeist in lockerer Bauweise mit viel Grün. Oft haben Anbaubalkone den Wohnwert gesteigert. Ab der Jahrtausendwende wurden diese Wohnungsbestände nach und nach an Investoren verkauft und nun auch Nicht-Bahnern zur Miete angeboten. Für die Alteingesessenen war das neu, wohnten sie doch zuvor nur mit Kollegen Tür an Tür. Der Kontakt zu den Nachbarn war entspannt im Wissen, dass »Bahner« ähnlich ticken. Wer will schon riskieren, dass der Kollege auf der Arbeit über den Ehestreit seines Nachbarn tratscht?

Siegfried und Elisabeth Buchholz sind stolz auf das »Paradies«, das sie sich hier eingerichtet haben. Entrüstet berichtet das Rentnerehepaar vom rücksichtslosen Verhalten ihres neuen Nachbarn: Sie haben den jungen Mann, Peter Menkens, mit offenen Armen empfangen. Da der Mann im Rollstuhl sitzt, haben sie ihn immer mal wieder gefragt, ob er Hilfe benötigt. Doch nach einiger Zeit begannen die Probleme: Herr Menkens arbeitet nicht und dreht mehrfach am Tag die Musik so laut auf, dass die Gläser im Schrank zu den Bässen hüpfen. Das dauert dann immer einige Minuten – bis zum nächsten Mal. Er hat Familie Buchholz erklärt, dass er Producer von Techno-Beats ist und dass er zwar hochwertige Kopfhörer hat, aber um den Sound richtig abzumischen, müsse er manchmal voll aufdrehen. Das wollen sie allerdings nicht länger dulden.

Herr Menkens beschreibt mir seine Lebenssituation so: Nach einem Unfall, bei dem er beide Beine verlor, konnte er in seinem technischen Beruf nicht mehr arbeiten. Deshalb lebt er von Transferleistungen und versucht, seinem Alltag einen Sinn abzugewinnen. Nach dem Unfall gelang es ihm nicht, beruflich eine Perspektive zu entwickeln. Er deutet an, dass er mental in einer schlechten Verfassung ist. Dass sein Leben entgleist, dokumentiert sich auch im Zustand der Wohnung: Auf dem Glastisch im Wohnzimmer stapelt sich dreckiges Geschirr und Pizzaschachteln neben einem übervollen Aschenbecher. Die Gardinen sind bis auf einen Spalt zugezogen, es riecht nach Rauch und Staub.

Die Parteien haben eigentlich nichts gegeneinander. Der Start von Herrn Menkens in dieser Nachbarschaft verlief gut. Doch der Streit eskaliert – vordergründig wegen des Lärms. Das Ruhebedürfnis eines älteren Ehepaares kollidiert mit den elektrisch verstärkten Lebensäußerungen des jungen Mannes. Familie Buchholz verlangt Rücksicht, Herr Menkens erwartet Nachsicht. Absprachen mit beiden Parteien scheitern. Nach mehreren Wochen meldet sich Herr Menkens bei mir, Herr Buchholz habe ihn aus Rache im Hausflur eingesperrt. Was war passiert? Herr Menkens hatte einen wichtigen Behördentermin und war schon spät dran. Als er aus dem Haus wollte, versperrten Kisten vollständig das enge Treppenhaus, sodass er das Haus nicht verlassen konnte und den Termin versäumte. Danach vertieft sich der Bruch. Herr Menkens hört seine Musik nun sehr oft sehr laut. Nach mehreren Abmahnungen folgt die Kündigung.

Einige Wochen später: Peter Menkens sitzt in seiner Wohnung zwischen gepackten Kisten. Er kommt ins Erzählen: Seine Beine hat er bei einem Unfall auf den Bahngleisen verloren. Dass er ausgerechnet bei einem ehemaligen Wohnungsunternehmen der Deutschen Bahn eine Wohnung fand, ist kein Zufall. Er erhoffte sich dort eine besondere Unterstützung. Er lacht bitter. Nun muss er hier »wieder raus« und sieht sich als doppeltes Opfer. Die Bahn nimmt ihm erst die Beine und nun die Wohnung. Erneut ist es die Bahn, die sein Leben zerstört. Vergangenheit und Gegenwart koinzidieren in seiner traurigen Geschichte,[35] in der sich sein Unfall, seine beruflichen Probleme und das Scheitern des Mietverhältnisses überblenden.

Paul Watzlawick erzählt in *Anleitung zum Unglücklichsein* die berühmte »Geschichte vom Hammer«, in der ein Mann überlegt, seinen Nachbarn zu bitten, ihm einen Hammer zu leihen. Diesen benötigt er, um ein Bild aufzuhängen. Er bezweifelt jedoch, ob der Nachbar ihm seinen Hammer wirklich borgen würde. Er malt sich immer weiter aus, wie herablassend

35 Herr Menkens biografisiert diese Ereignisse in einer »sad story«, die zwei Funktionen erfüllen kann: dem eigenen Gefühl der Fremdbestimmtheit einen Ausdruck zu verleihen und beim Zuhörer ein Gefühl großer Ungerechtigkeit hervorzurufen (vgl. Goffman, 1973, S. 149f.).

sein Nachbar sei. Bis er zu ihm stürmt und ihn anblafft: »Behalten Sie ihren Hammer, Sie Rüpel!« Diesem Mann gleicht Peter Menkens: Er erschafft eine schwierige Situation und hat »doch keine Ahnung, sie erschaffen zu haben. [... Scheinbar] hilflos dem Spiel unbeeinflussbarer Vorgänge ausgeliefert, kann er völlig glaubwürdig nach Herzenslust an ihnen leiden« (Watzlawick, 1983, S. 310f.). Die »Bahn« und die »Bahner« fungieren so als mentale Container für alles, was in seinem Leben schief ging. Dieses schwer erträgliche Gefühl des Scheiterns wird symbolisch in die Bahn ausgelagert und dort quasi »entsorgt«.

Paul Watzlawick sagt uns aber noch mehr über unseren Fall: Die Nachbarn von Herrn Menkens gleichen dem angeblafften Nachbarn mit dem Hammer – und damit uns allen: Wir sind Teil von Geschichten, von denen wir nichts ahnen. Was uns im Konflikt mit Mitmenschen passiert, erklärt sich aus ihren Geschichten, die wir nicht kennen. Und auch Herr Menkens ist Teil einer Geschichte, in der alte Bahner einer Zeit nachtrauern, in denen der Nachbar noch Kollege und die Kollegen noch Genossen waren.

Krieg in Bielefeld

Thomas Miller lebt sehr zurückgezogen in seiner Dreizimmerwohnung. In mehreren Einsätzen kämpfte er im Irak als britischer Infanterist. Hierzulande ist ihm beruflich und privat der Neuanfang nicht gelungen. Zu Mitmenschen hat er keinen engeren Kontakt. Auch die Menschen in dem Achtparteienhaus in einer ruhigen Gegend gehen aneinander vorbei und kümmern ihn nicht. Der Vorgarten und das Treppenhaus sind gepflegt, einige Mieter haben Blumentöpfe in die Fensterbänke gestellt.

Nur das Paar, das über ihm wohnt, so sagt Herr Miller, treibt ihn »in den Wahnsinn«. Die Aziz leben dort seit mehreren Monaten und nehmen auf ihn keine Rücksicht. Beide Eheleute geben merkwürdige Geräusche von sich und wenn die Tochter zu Besuch ist, wird es noch schlimmer. Während des Gesprächs mit mir läuft Herr Miller in seinem Wohnzimmer unruhig hin und her und fragt sich, ob die Aziz das wohl machen, um ihn loszuwerden: »Reden kann man mit ihnen nicht.« Wenn das Geschrei oben wieder losgeht, setzt Herr Miller sich mithilfe eines Besenstiels zur Wehr, mit dem er gegen die Decke klopft. Dann wird es kurz besser, bevor es wieder losgeht. Seine Wut schäumt über: »Ich müsste mal mit meinem Sturmgewehr da hochgehen und für Ordnung sorgen.«

Sarya und Rashid Aziz sind höfliche Leute, die Gästen Tee und Gebäck anbieten. Die Wohnung ist schmucklos, die Möbel passen nicht zusammen, Persönliches fehlt. Da beide fast völlig gehörlos sind, ist ihre Tochter bei unserem Gespräch dabei, um zu übersetzen. Wenn sie sprechen, dann sehr laut und verwaschen und für mich kaum zu verstehen: Seit sie in Deutschland leben, versuchen sie, möglichst wenig über den Krieg nachzudenken, den sie hinter sich gelassen haben. Auch wenn sie sich bemühen, Deutsch zu lernen, hat es ihnen bis jetzt kaum geholfen, Fuß zu fassen. Als behinderte Geflüchtete aus dem arabischen Raum finden sie keine Arbeit. Kontakt haben sie fast nur zu Menschen, die auch aus ihrer alten Heimat nach Bielefeld gelangt sind. Wenn die Aziz über ihre Tochter reden, strahlen sie vor Stolz. Vor Herrn Miller haben sie Angst. Er drohte ihnen schon mehrfach. Sie verstehen, dass er es in seiner Wohnung ruhig haben möchte, fühlen sich aber in ihrem Alltag eingeschränkt. Sie trauen sich kaum mehr, jemanden einzuladen. Aber sie wollen gern versuchen, mehr Rücksicht auf Herrn Miller zu nehmen.

Nach zwei Wochen macht es den Anschein, als wären die Wogen im Haus geglättet: Die Aziz haben ihre Stimmen gedämpft, sodass Herr Miller darüber nichts Nachteiliges mehr sagen kann. Aber etwas anderes treibt ihn nun zur Weißglut: Wenn er nachts versucht, zur Ruhe zu kommen, »knistert und knetert« es über seinem Bett. Mehr noch als die lauten Stimmen sind es diese kaum hörbaren, aber anhaltenden Bewegungsgeräusche der Nachbarn, die für die Eskalation sorgen.

Auf der einen Seite reinszeniert der traumatisierte Ex-Soldat den Krieg in seinem Wohnhaus. Der »Feind« ist nun ganz nah – direkt über ihm, die Frontlinie ist die Decke seines Schlafzimmers, und Lärm ist nun seine Waffe: akustischer Terror. Herr Miller wirkt daueraufmerksam und schreckhaft, horcht über lange Strecken auf die Geräusche der »Feinde« über ihm und entwirft einen Kriegsplan zu ihrer Bekämpfung, bevor diese ihn in den Wahnsinn treiben. Auf der anderen Seite will die Familie Aziz, aus dem Irak nach Deutschland gekommen, hier endlich in Frieden leben. Frau und Herr Aziz spüren die Gefahr, die von Herrn Miller ausgeht, und überlegen nun ihrerseits, sich mithilfe eines Rechtsanwalts oder der Polizei zu wehren.

Was passiert in den Abendstunden dieses Wohnhauses nun wirklich? Das lässt sich durch ein paar Besuche in der Wohnung von Herrn Miller leicht herausfinden. Sobald im Schlafzimmer von Herrn Miller tatsächlich knarrende Geräusche zu hören sind, gehe ich eine Etage höher zu Frau und Herrn Aziz, die bereit sind, ihren Beitrag zur Klärung zu leisten. Es ist einfach nur ein Bürostuhl, der auf dem Laminatboden hin und her scharrt, wenn Frau Aziz abends am Computer sitzt. Natürlich entstehen diese Geräusche ohne jede Absicht.

Der Krieg und die Sprachlosigkeit bilden ein explosives Gemisch, das durch harmlose Geräusche gezündet wird. Diese sind in einem psychoanalytischen Sinne *überdeterminiert*, da sie in den verschiedenen Konfliktsphären eine Bedeutung haben. So verstärkt die Gehörlosigkeit von den Eheleuten Aziz das Gefühl von Herrn Miller, mit seinen Bedürfnissen »auf taube Ohren« zu stoßen. Außerdem steht das laute Sprechen der Familie – ihre Lebendigkeit – im Kontrast zu der Einsamkeit von Herrn Miller. Gleichzeitig sind die Nachbarn durch ihre Vergangenheit aneinandergekettet: Kaum Nachbarn geworden, haben sie im anderen schnell den ehemaligen Kriegsgegner erkannt. Als Nachbarn fremd, als Feinde vertraut, fungiert der andere als Projektionsfläche für Feindbilder. Als »Araber« können die Aziz für Herrn Miller niemals gleichgültig sein, da diese in seinen Augen verantwortlich für den Tod vieler seiner Kameraden sind. Und Familie Aziz fürchtet Gewalt durch Herrn Miller, was sie an ihre Angst im Krieg erinnert. Die Kriegsvergangenheit beider Parteien betoniert stereotype Feindbilder, die das direkte Gespräch ausschließen: Mit denen kann man nicht reden.

So hat es ein Gespräch zwischen Familie Aziz und Herrn Miller nie gegeben. Beide Seiten stehen sich sprachlos gegenüber. Familie Aziz hat wenige Monate nach meinen Besuchen die Wohnung gekündigt. Sie sind weitergezogen, um alles hinter sich zu lassen. Und Herr Miller hofft auf neue Nachbarn, die ihn endlich in Ruhe lassen.

Resümee

Die Akteure dieser Fälle reinszenieren Konflikte, die sie aus ihrem vormaligen Leben in ihr Wohnhaus importieren. Bei Frau Büscher ist es der homophobe Hass auf die Tochter, bei Herrn Menkens das Unglück auf den Bahngleisen, von dem wir nicht wissen, ob es ein Unfall oder ein Suizidversuch war. Bei Herrn Miller und Familie Aziz sind es Kriegserlebnisse.

Wir können jeweils beobachten, wie innere Konfliktlinien in die nachbarschaftliche Beziehung hineinragen, sie überblenden und Nachbarn etwas Schändliches zu verkörpern beginnen. Bezeichnend ist der abrupte Wechsel aus offener Aggression und Phasen des Beschweigens, in denen das Objekt mit weiteren Feindbildern angereichert wird. Der Nachbar fungiert als ein Container, der Unbewusstes und Verdrängtes aufnimmt, das aus sich selbst ausgeschlossen, auf den Nachbarn übertragen und dort als äußere Bedrohung wiedererkannt wird. Einer »ambivalente[n] Beziehung zu einem Anderen oder zu sich selbst« wird so Entlastung verschafft: »Die projektive Feindbildung stellt sozusagen eine ›Entsorgung‹ des abgespaltenen ›bösen‹ Anteils der zuvor ambivalenten Objekt- und Selbstrepräsentanzen dar« (Mentzos, 2003, S. 73). Den Akteuren gelingt es so, Unerträgliches oder Unstatthaftes aus sich selbst auszuschließen. Widerstreitende Regungen werden entmischt, sodass aus Vieldeutigkeit die Eindeutigkeit der Gegnerschaft wird. Die Ambivalenz wird entspannt, das Innere wird befriedet, die eigenen »bösen« Anteile sind nun entsorgt – um den Preis eines Widersachers, der sich nun außen materialisiert hat. Gerade das, was an sich selbst unerwünscht und unerträglich erscheint, begegnet dem Projizierenden so im Anderen wieder und bildet »gefährliche, vergeltungssüchtige Objekte«, gegen die er sich »zur Wehr setzen muß, […] bevor er vom Objekt überwältigt und zerstört wird« (Kernberg, 1979, S. 51). Die projektive Identifizierung ist so eine mentale Schöpfung, die jeden Grund liefert, »unter dem Titel legitimer Strafe die eigenen aggressiven Neigungen auszulassen« (Adorno, 1955, S. 232).

Oben und unten: Der soziale Abgleich

Wer eine Wohnung bezieht, der hofft, dass sie die passende Bühne für das eigene Leben wird. Auch das Wohnumfeld ist ein Teil der Kulisse. Die Nachbarinnen und Nachbarn werden damit in gewissem Sinne zu Statisten dieser Inszenierung. Im fließenden sozialen Raum der Nachbarschaft »passen« die Lebensstile der Nachbarn natürlich nie genau zu der Rolle, die ihnen zugedacht ist. Damit ist der soziale Verkehr zwischen Nachbarn immer auch von einem Abgleich begleitet, wer der Nachbar für den Nachbarn ist, welche Rolle und welchen Verkehrswert sie sich zubilligen. Dieser Abgleich findet zumeist beiläufig statt, indem die Interaktionspartner die Symbole ihrer Inszenierungen entschlüsseln, gewichten und bewerten, während sie sich beobachten oder unterhalten.

Dieser Abgleich dient unter anderem der Selbstverortung in der Rangordnung unserer Gesellschaft und offenbart, wo man sich zwischen Erfolg und Scheitern, zwischen hohem und niedrigem Prestige einzuordnen hat. Diese Evaluation ist relational: Sehen sich die Nachbarn, so sehen sie stets auch, wie sie gesehen werden. Dieser Abgleich kann sich zu einem misstrauischen Beäugen steigern und in Verachtung, Neid oder Missgunst münden. Der Nachbar kann dann auch symbolisieren, was bei einem selbst schiefläuft oder woran es im eigenen Leben fehlt.

Wir werden in drei Fallbeispielen sehen, wie nachbarschaftliches Übelwollen der Pflege des Selbstwerts dient.

Gefährliche Transparenz

Sabine Berthold beschreibt, wie das Leben in ihrem Wohnhaus früher aussah: Die lebenslustige Familie freute sich über die gute Nachbarschaft in ihrem kleinen Wohnhaus mit vier Parteien. Mit Familie Fanzius waren sie befreundet. Fast täglich saßen die Vier beieinander. Die Wohnungstüren standen oft offen, die Kinder gingen in den Wohnungen ein und aus und spielten im Garten hinter dem Haus. Dort stand ein kleines Planschbecken, einige Gartenstühle und Spielzeug verteilten sich auf dem Rasen zwischen den Blumenbeeten. Auch den anderen Nachbarn gefiel das bunte Treiben. Alles in allem eine Idylle in einer ruhigen Seitenstraße, in der sich die kleinen Wohnhäuser gleichförmig aneinanderreihen.

Sabine und Jens Berthold sind kulturell interessiert. Sie haben einige Freunde mit Migrationshintergrund und tauchen kulinarisch und im Urlaub gern in fremde Welten ein. Diese offene Haltung sollte sie letzten Sommer auf eine Rundreise durch Bangladesch führen. Als sie ihre Reisepläne Nathalie und Dirk Fanzius schilderten, waren diese entsetzt, gerade auch deshalb, weil die Kinder – der fünfjährige Sohn und die einjährige Tochter – ihre Eltern begleiten sollten. Das hielten die Fanzius für ein unverantwortbares Risiko und versuchten, den Eltern die Reise auszureden. Nach der Rückkehr aus Asien sah sich Frau Fanzius bestätigt – die Tochter war erkrankt. Der Streit eskalierte: In heißen Diskussionen drohte sie, das Jugendamt zu informieren. Auch mir schildert sie, die Kinder von Familie Bertold seien »halbtot und verhungert« aus dem Urlaub zurückgekommen. Aber sie hat auch grundsätzliche Vorbehalte gegenüber der Kindererziehung der Nachbarn. Da ist die Rede von »kreidebleichen Gesichtern«, »zwergwüchsigen Körpern« und »unverständlichen Worten«, die die Kinder »stammeln«.

Zu Beginn pflegten beide Familien zwar eine gute Nachbarschaft – gemeinsames Grillen, Feiern und Plaudern –, sparten Privates aber aus. Irgendwann entstand dann die Freundschaft und beide Seiten begannen, aus dem Nähkästchen zu plaudern: über ihre Arbeit, ihre Ehen und eben auch den Reiseplan, was zum Streit führte. Diese Offenherzigkeit zwischen den Familien hat Bruchlinien freigelegt, die in das nachbarschaftliche Verhältnis nicht mehr integrierbar sind. Das feine Austarieren zwischen Nähe und Distanz, zwischen Offenheit und Verbergen ist gestört. Der Vorhang ist beiseite gezogen und das Intime sichtbar. Die innige Zeit der Freundschaft wird so zu einem Steinbruch für böse Geschichten, so über sexuelle Avancen von Jens Berthold gegenüber Nathalie Fanzius während der Auslandseinsätze ihres Ehemannes als Soldat.

Nun wäre es ja möglich, sich wieder in die Anonymität nachbarschaftlicher Gleichgültigkeit zurückzuziehen. Und so versuchen beide Seiten tatsächlich, Kontakt zu vermeiden. Doch ein Stillhalteabkommen fällt schwer, wo der räumliche Abstand fehlt. Immer wieder kommt es zu Sticheleien, wenn man sich begegnet. Auch Klärungsgespräche scheitern. Wieder eskaliert der Streit an der Frage der Kindererziehung. Frau Fanzius zeigt sich über die Leichtfertigkeit der Nachbarn so bestürzt, dass sie bereit ist, tief in die Autonomie ihrer Nachbarn einzugreifen, wenn sie mit dem Jugendamt droht. Das Wort »Jugendamt« ist dabei eine kommunikative Waffe, die Familie Berthold zeigt, dass ihre Nachbarn weniger Freunde als Spione sind, die bereit sind, Fragwürdiges an öffentliche Stellen zu melden.

Welcher Zündstoff befeuert diesen Konflikt? »Die setzen das Leben ihrer Kinder aufs Spiel«, sagt Frau Fanzius. »Die wollen ihren Sohn am liebsten einsperren«, bilanziert Frau Berthold. Darin gleicht dieser Konflikt Szenen auf dem Kinderspielplatz, wenn Eltern ins Gespräch geraten: »Dein Kleiner hat Stützräder am Fahrrad? Hast Du Angst, er könnte hinfallen?« In Konflikten dieser Art geht es natürlich nicht nur um Risikobereitschaft und Vorsicht, sondern die Eltern konkurrieren, wer vernünftiger und weitblickender ist – und damit der bessere Vater oder die bessere Mutter. Die Sorge um die Kinder dient der Inszenierung eigener Überlegenheit.

Den Familien Berthold und Fanzius gelingt nach ihrer Konfrontation weder der Rückzug noch eine Klärung. So bleibt ihnen die Eskalation. Mit der Mobilmachung beginnt auf beiden Seiten eine hastige Aufrüstung. Familie Fanzius gelingt es, mehrere Nachbarn auf die eigene Seite zu ziehen. Den Söhnen wird das gemeinsame Spielen untersagt. Familie Fanzius hört auf, den Garten zu nutzen. Den Vermieter erreichen schließlich zahlreiche Beschwerden, in denen es um Drangsalierungen, Lärmstörungen, Beschädigungen und Polizeieinsätze geht. So soll Herr Berthold vor den Kindern der Nachbarschaft im Garten ein Reh geschächtet haben.

Die Familien beklagen die garstige Atmosphäre, die nun im Haus vorherrscht. Einig sind sie sich darin, dass ein weiteres Leben unter einem Dach nicht mehr möglich ist. Beide Seiten eskalieren, um der anderen Partei auf diese Weise den Auszug schmackhaft zu machen, bis die Situation für beide unerträglich ist. Und auch die Söhne haben ihre Lektion zu lernen: Aus Gründen, die sie nicht verstehen, müssen sie ihre Freundschaft beenden. Schließlich pendelt sich zwischen den Familien ein Burgfrieden ein: Der Streit ruht, der Hass gärt weiter. Nach mehreren Monaten kündigt Familie Fanzius die Wohnung.

Nachbarschaft wurde zur Freundschaft und schließlich zur Feindschaft. Einverständnis ist eine Illusion – durch Verdunkelung behütet. Durch den

Abbau sozialer Distanz steigt das Risiko, dass hintergründige Differenzen sichtbar werden. Diese gilt es auszuhalten, zu klären oder zu ignorieren. Die beiden Familien hingegen haben ihre Differenzen genutzt, um daraus narzisstisches Kapital zu schlagen: »Es ist gut, seine Nachbarn zu Freunden zu haben, aber es ist gefährlich, seine Freunde zu Nachbarn zu haben« (Simmel, 1992, S. 721).

Hören und gehört werden

Sylvia Rehbein-Günther hat nicht viel Zeit. Als selbstständige IT-Beraterin hat sie einen dieser modernen Dienstleistungsjobs, die einen voll in Anspruch nehmen. Auch ist sie selten mehrere Tage am Stück in ihrer Wohnung. Und wenn sie nach anstrengenden Tagen bei ihren Kunden hinter sich die Tür ins Schloss wirft, dann möchte sie Ruhe. Ihre Wohnung ist ihr Rückzugsort. Andererseits schätzt sie es, gute Freunde bei sich zu haben, denen sie auch manchmal ihre Wohnung für mehrere Wochen überlässt. Wenn sie dann nach Hause kommt, freut sie sich über vertraute Menschen, Kinderstimmen und die Aktivität um sich herum.

Auch Heiko Malzahn braucht Ruhe. Seine berufliche Situation ist prekär: Als Drucker möchte der derzeit Erwerbslose eigentlich nicht wieder arbeiten. Er verhandelt mit dem Jobcenter, welche Umschulung ihm finanziert wird. Er wirkt unsicher und zögerlich, als wäre das Gefühl des Scheiterns in ihn eingesickert. Und auch die Geräusche aus Frau Rehbein-Günthers Wohnung dringen über die Jahre immer intensiver in seine Wohnung ein. Wenn diese allein ist, hört er bis tief in die Nacht das Schleifen ihres Bürostuhls auf dem Laminatboden, wenn sie am Schreibtisch arbeitet. Und dann wieder Poltern, Lachen und Kindergeschrei, wenn sie Besuch hat. Irgendwann beginnen die Geräusche ihn zu stören. Als seine Geduld schließlich überstrapaziert ist, spricht er die Nachbarin auf ihre »Fahrgeräusche vom Bürostuhl« und das Poltern ihrer Gäste an. Immer wieder sucht er das Gespräch mit ihr. Aber diese Gesprächsversuche perlen an ihr ab. Schließlich wendet er sich an den Vermieter. In seinem Beschwerdeschreiben wird die Enttäuschung greifbar. Anstatt ihm ein Ohr und etwas Zeit zu widmen, um das entgleiste nachbarschaftliche Verhältnis neu aufzusetzen, lässt sie ihn abblitzen. Das entfacht bei Herrn Malzahn eine Kampfbereitschaft, die über Jahre andauern wird. Dazu trägt ihre Zurückweisung genauso bei wie die Lärmstörungen selbst.

Sylvia Rehbein-Günther amüsiert sich über die Beschwerden des Nachbarn. Sie schlägt vor, eine Bewohnerin auf ihrer Etage zu fragen, ob von ihr eine Lärmstörung ausgehe. Mein Einwand, dass Trittschall und die »Fahrgeräusche vom Bürostuhl« weitgehend unterhalb ihrer Wohnung hörbar sind, wischt sie vom Tisch. Sie hat genau verstanden, dass Heiko Malzahn nicht nur Ruhe von ihr wünscht, sondern auch Aufmerksamkeit. In einem Schreiben erklärt sie, dass sie sich zwar vorstellen kann, technisch zu klären, woher die Geräusche kommen, ihrem Nachbarn aber keine Aufmerksamkeit widmen wird. Ihr ist die »Sache« leidig – einen »Konflikt« nimmt sie nicht wahr. Stattdessen sieht sie sich als Leidtragende eines Menschen, der sich gestört fühlt, in Wirklichkeit aber gestört ist. Bei der Lösung seiner Probleme könne sie ihm »leider« nicht helfen.

Frau Rehbein-Günther fühlt sich von Herrn Malzahn und seinen Aktionen einfach nicht angesprochen, er geht sie nichts an. Sie lässt sich von ihm nicht einmal zu einer Konfliktpartnerin machen. Ihr Argument »Der spinnt doch« ist in Konflikten weitverbreitet. Damit werden Ansprüche des Widersachers pauschal bestritten. Diese *Psychologisierung* ist ein Trick, mit dem der sachliche Anlass des Konflikts ausgelöscht wird, indem der Gegner diskreditiert wird. Dieser Trick dient nicht nur der eigenen Entschuldung, sondern auch der Demütigung des Gegners bei Dritten: Wer glaubt schon einer überempfindlichen, redebedürftigen Witzfigur?

Ihre Gleichgültigkeit kränkt Herrn Malzahn tief: Missachtung wiegt schwerer als Verachtung.[36] So sucht und findet er Vorfälle, die sein Gefühl bestätigen.[37] Und je gebannter er auf Geräusche der Nachbarin horcht, um so zahlreicher werden die Störungen – eine sich selbst erfüllende Prophezeiung.

36 »Verachtung kommt nicht ohne einen Ausdruck des Mißfallens, der verringerten Wertschätzung aus, durch den den ›Betroffenen‹ deutlich wird, wie andere sie wahrnehmen. […] Im Falle von Mißachtung fehlt dagegen bereits die Anerkennung des anderen als ein Subjekt, das es überhaupt wert ist, bemerkt zu werden. Wer mißachtet wird, liegt außerhalb jeder Aufmerksamkeit für seine Bedürfnisse und Interessen« (Billmann-Mahecha et al., 2005, S. 5).

37 Wie Herr Menkens verpackt auch Herr Malzahn diese Ereignisse in einer »sad story« (vgl. Goffman, 1973, S. 149f.). Gegenüber Dritten – Nachbarn, dem Vermieter und mir – dienen diese Leidensgeschichten dazu, sich ihrer Unterstützung zu versichern. Das schließt ein, sich selbst als Opfer zu inszenieren. Das ist bemerkenswert, wirkt die Opferrolle doch auf den ersten Blick nicht sehr attraktiv, da sie Ohnmacht und Leiden einschließt. Doch dieser Eindruck täuscht: Die Opferrolle versorgt ihn mit einem Maximum an Kontrolle über den Gegner, sichert sie doch die eigene überlegene moralische Position und rechtfertigt jeden Gegenschlag.

Diesen Konflikt treibt auch voran, dass Herr Malzahn und Frau Rehbein-Günther unterschiedlichen sozialen Milieus angehören: Sie ist eine erfolgreiche, einkommensstarke Performerin, strahlt Selbstsicherheit aus im Bewusstsein ihres hohen sozialen Status. Er hingegen verliert den Anschluss an die bürgerliche Mitte, auf dem Weg zum Langzeitarbeitslosen hat er seine Selbstsicherheit verloren. Ihre Verweigerung, sich mit dem Nachbarn zu beschäftigen, und sein Insistieren auf einer Klärung gleicht der Kommunikation zwischen Mächtigen und Ohnmächtigen: Der Unterlegene hat mit dem Überlegenen eine Rechnung offen, doch den interessiert es nicht.

Wie dieser Nachbarschaftskonflikt endet(e)? Ich weiß es nicht. Solange ich für den Vermieter arbeitete, flackerte er stets aufs Neue auf. Ich male mir aus, dass Frau Rehbein-Günther eine ruhige Stunde findet, in der sie den Wert einer befriedeten nachbarschaftlichen Beziehung erkennt und zu Herrn Malzahn hinuntergeht: »Wollen wir reden?« Und bei Herrn Malzahn stelle ich mir vor, dass er seine Aufmerksamkeit von den Lebensäußerungen seiner Nachbarin lösen kann, weil er ein Leben führt, in dem er Zugehörigkeit und Anerkennung erfährt. Denkbar ist aber auch, dass Frau Rehbein-Günther ihren Nachbarn irgendwann wegen Stalking anzeigt und Herr Malzahn sich in Fantasien versteigt, die ihn als Opfer einer Frau inszenieren, die einfach erfolgreicher ist als er selbst.

Eine Dame am Pranger

Annemarie Ziesel rutscht auf ihrem Sofa hin und her, Tränen laufen über ihre Wangen und ihre Hände zittern. Als sie mich vor wenigen Minuten an ihrer Wohnungstür begrüßte, stand vor mir eine lächelnde ältere Dame. Seidenbluse und Blazer sind hochwertig, ihre Hochsteckfrisur sitzt perfekt. Ihr Wohnzimmer wird von hellen Vollholzmöbeln dominiert, es duftet nach frischem Kaffee. Auf meine Frage, warum sie mit mir sprechen wolle, steht sie ruckartig auf und führt mich zurück ins Treppenhaus auf das Podest eine halbe Treppe unterhalb ihrer Wohnung. Sie zeigt auf mehrere Topfpflanzen, die dort stehen – ich würde auf Geranien tippen. Sie zeigt mit dem Finger auf einen der Blumentöpfe, genauer: auf einen Streifen Kreppband, der an diesem Blumentopf klebt, darauf handschriftlich ein Datum: 21.11.2015.

Als wir wieder in ihrem Wohnzimmer sitzen, schildert sie die ganze

Geschichte, immer wieder vom Weinen unterbrochen: Seit Jahren ist sie mit mehreren Damen in der Nachbarschaft befreundet, alle sind in den 70ern. Reihum treffen sie sich zum Kaffeetrinken und Plaudern über Gott und die Welt. Das ist für sie nach dem Tod ihres Mannes eine wertvolle Abwechslung. Die letzten Wochen verliefen diese Treffen nicht immer in Harmonie. Eine der Damen – Frau Schmidt – wurde schnippisch, gerade wenn Frau Ziesel in alten Zeiten schwelgte und von der schönen Zeit mit ihrem Mann erzählte, von den Urlaubsreisen und den Feiern. Sie vermutet, es wäre Missgunst von Frau Schmidt gewesen, die zum Ärger führte.

Annemarie Ziesel erklärt nun, was am 21.11.2015 geschah: Sie war im Supermarkt bereits an der Kasse, als sie bemerkte, dass hinter ihr Johanna Schmidt anstand. Beide plauderten ein wenig und als Frau Ziesel mit Bezahlen drankam, vergaß sie, ein Netz Kartoffeln aufs Band zu legen, das noch unter ihrer Einkaufstasche lag. Die Kassiererin ließ nicht mit sich reden und holte den Filialleiter. Nach einigem Hin und Her konnte Frau Ziesel die Kartoffeln nachbezahlen und den Supermarkt tief gekränkt verlassen. Frau Schmidt schaute sich das alles regungslos an.

Nun findet Frau Ziesel das Datum ihrer öffentlichen Demütigung auf dem Klebeband am Blumentopf. Sofort ist ihr klar, dass Frau Schmidt, »diese primitive Person, die nun ihr wahres Gesicht gezeigt hat«, ihr eins auswischen will. Frau Ziesel will auf keinen Fall mit Frau Schmidt sprechen und denkt über Auszug nach. Aber eigentlich erwartet sie von Frau Schmidt, dass sie nun das Feld räumt. Das soll ich ihr klarmachen.

Johanna Schmidt ist belustigt und sich keiner Schuld bewusst. Sie ist aber auch stolz auf das geschickte Manöver. Endlich habe sie Annemarie Ziesel es mal heimgezahlt. Bei jedem Kaffeeplausch habe Frau Ziesel betont, wie gebildet und beliebt sie sei und wie ereignisreich ihr Leben verlaufen sei. Das versetzte Frau Schmidt offensichtlich einen Stich. Dann schäumt sie über: »Und jetzt hat sie noch ein Datum mehr, an das sie sich erinnern kann.« Frau Schmidt führt ein etwas anderes Leben als Frau Ziesel: Ihr verstorbener Mann war Arbeiter, sie lebten »einfach, aber glücklich«. Während wir reden, läuft der Fernseher.

Auch wenn die Bildungs- und Wohlstandsunterschiede zwischen den älteren Damen von außen betrachtet gering erscheinen, so spüren beide, was sie trennt und was das bedeutet. Beide Nachbarinnen leiten aus den Unterschieden in ihren Lebensstilen Rangunterschiede ab: Frau Schmidt misst sogar selbst ihren Lebensstil an einer Skala, auf der sie Frau Ziesel unterliegt. Und Frau Ziesel nutzt ihr Urteilsvermögen, um sich von Frau

Schmidt abzuheben. Das dient der Selbstvergewisserung: »Das umfassende und unmerklich vor sich gehende, bereits in frühester Kindheit im Schoß der Familie einsetzende Lernen [...] verleiht mit der Gewissheit, im Besitz der kulturellen Legitimität zu sein, Selbstsicherheit und [...] Ungezwungenheit« (Bourdieu, 2020, S. 120f.).

Frau Schmidt ist es leid, dass Frau Ziesel Distinktionsgewinne erzielt, indem sie sich über ihren vorgeblich vulgären Geschmack erhebt. Indem sie zufällig Zeugin wurde, wie Frau Ziesel des Diebstahls bezichtigt wurde, fiel ihr eine Waffe in die Hand, für Kränkungsausgleich zu sorgen, was auch eine Form von Gerechtigkeit ist. Den subtilen Spitzen, die Frau Ziesel austeilt, steht mit dem »Datum am Blumentopf« eine polemische Zuspitzung in Form einer narrativen Abbreviatur entgegen. Damit macht Frau Schmidt in einem Zug klar, in welchem Ausmaß sie sich in den letzten Jahren von Frau Ziesel herabgesetzt fühlte. Und es gelingt ihr, Frau Ziesels Kränkung im Supermarkt weiter öffentlich zu halten, indem sie das Datum im Treppenhaus ausstellt wie an einem Pranger. Gleichzeitig ist die Bedeutung dieses Datums ja nur von Frau Ziesel dechiffrierbar, womit es eine sehr intime Mitteilung von Frau Schmidt an Frau Ziesel bleibt. Sie zeigt damit, dass auch sie das Feinspiel beherrscht, ihre Nachbarin lächerlich zu machen. Ihre subtil gepflegte Fehde scheut die Konfrontation und köchelt den Hass auf kleiner Flamme: »Wenn der Hass feige wird, geht er maskiert in Gesellschaft und nennt sich Gerechtigkeit« (Arthur Schnitzler).

Die Nachbarinnen hatten die Wahl: »Man kann den Weg der Verständigung oder der Versöhnung oder aber den Weg der Polemik, der Konfrontation, ja der in Kauf genommenen progressiven Verfeindung [...] gehen« (Liebsch, 1999, S. 7). Frau Schmidt und Frau Ziesel haben im Anderen gesucht und gefunden, was sie voneinander trennt: ihre feinen Unterschiede im Geschmack, im Lebensstil. Ihre Ähnlichkeiten hätten sie vielleicht geeint: ihre Einsamkeit, ihre Trauer und auch ihre Langeweile. »Solche das Verschiedene aussöhnende Ähnlichkeiten müssen die Beteiligten selbst empfinden und erkennen [...]. Sie müssen erleben, was sie miteinander teilen und teilen wollen. [...] Erst dann können solche Ähnlichkeiten tatsächlich eine verbindende Funktion übernehmen und die Menschen einander näherbringen« (Straub, 2019, S. 32). Dieser Chance auf »spürbare Ähnlichkeitserfahrungen« (ebd.) steht jedoch entgegen, dass beide Nachbarinnen sicher sind, der Konflikt hätte ihnen die wahre Natur ihrer Widersacherin gezeigt. Der Konflikt zwischen Frau Schmidt und Frau Ziesel ist mithin auch ein Prozess, an dessen Ende die Erkenntnis steht, wie die andere wirklich ist – nämlich böse.

Diese Bösartigkeit erscheint beiden Frauen nicht aufhebbar. Deshalb bleibt ihnen nur, der Widersacherin die Maske vom Gesicht zu reißen. Diese Entlarvung verschafft Genugtuung. Das hat seinen Preis: Auch die anderen Damen haben sich von Frau Ziesel und Frau Schmidt zurückgezogen. Treffen der Nachbarinnen gibt es nun nicht mehr. Beide haben ihre kleine Gemeinschaft verloren. Einer direkten Konfrontation gehen die Frauen aus dem Weg. Aber sobald eine von beiden ins Treppenhaus tritt, befindet sie sich im Feindesland.

Resümee

Das großstädtische Leben fördert eine »Selbstpanzerung«, die sich durch »Distanziertheit, Blasiertheit und Gleichgültigkeit« (Häußermann & Siebel, 2003, S. 68) auszeichnet. Diese Maskierung dient dem Schutz vor allzu tiefem Einblick. Denn sobald Nachbarn aus diesem konturlosen Dunkel der Anonymität heraustreten, beginnt das Vergleichen. Dieses könnte wohlwollend sein, vom Wunsch bestimmt, Gemeinsames oder Interessantes zu entdecken. Wie die Beispiele zeigen, beäugen sich Nachbarn eben aber auch misstrauisch, auf der Suche nach Fehlern und Schwächen. Dieser Missgunst schreibt Sigmund Freud (1974, S. 243) zu, den inneren Zusammenhalt zu stabilisieren:

> »Ich habe mich einmal mit dem Phänomen beschäftigt, daß gerade benachbarte und einander auch sonst nahestehende Gemeinschaften sich gegenseitig befehden und verspotten […]. Ich gab ihm den Namen ›Narzißmus der kleinen Differenzen‹ […]. Man erkennt nun darin eine bequeme und relativ harmlose Befriedigung der Aggressionsneigung, durch die den Mitgliedern der Gemeinschaft das Zusammenhalten erleichtert wird.«[38]

38 Freud (1974, S. 243) versteht unter »Gemeinschaften« Bevölkerungsgruppen wie »Spanier und Portugiesen, Nord- und Süddeutsche, Engländer und Schotten usw.« Zweifelsohne lässt sich der »Narzissmus der kleinen Differenzen« aber auch auf Nachbarschaften und Familie beziehen.

Aus einer größeren Distanz erscheinen diese Konflikte wie exemplarische Kämpfe um einen zerbrechlichen sozialen Status. Die Protagonisten nehmen den Streit mit den Nachbarn überaus ernst, da sie der nachbarschaftlichen Beziehung eine symbolische Aussagekraft zusprechen: Die Akteure werten ihre Konflikte daraufhin aus, was sie über ihre gesellschaftliche Stellung aussagen. Das Zerwürfnis zeigt, wo sie in ihrem Leben stehen. In dieser Hinsicht verrät die Auseinandersetzung auch etwas über ihre Angst: Der Sieg über den Nachbarn kommt einem Zuwachs an sozialer Reputation gleich. Die Niederlage offenbart den eigenen sozialen Abstieg.

Störungsexperten

Für den Fortgang des eigenen Lebens ist es unerlässlich, Störendes zu ignorieren oder schnell wieder zu vergessen. Wer will schon seine Zeit mit einem Kleinkrieg verbringen? Auf der anderen Seite bietet die Reibung mit Nachbarn auch einen Vorteil: Wer sich im Zankapfel verbeißt, der kann das Nichtpassende als eine ergiebige Quelle endlosen Streitens nutzen und so dauerhaft die Genugtuung der Rechthaberei genießen. Für solche Störungsexperten darf ein Zerwürfnis kein Ende finden.

Tyrannei in Hannover

Frank Krüger ist mit Frau und Baby gerade in seine neue Wohnung gezogen. Mit seinen früheren Nachbarn hatte er Streit. Schon der erste Nachmittag in der neuen Wohnung ist kein guter Anfang: Nebenan spielt man Klavier. Sofort ruft Herr Krüger seinen Wohnungsverwalter an und beschwert sich. Und schon am nächsten Tag stehe ich vor seiner Wohnungstür und klingele. Er reißt die Tür auf und schreit: »Damit Sie das gleich wissen: Ich kenne meine Rechte!« Im Gespräch droht er damit, seinen Anwalt einzuschalten. Er schließt aus, selbst mit den Nachbarn zu sprechen. Das Recht der Nachbarn, in einem angemessenen Umfang ein Musikinstrument zu spielen, bestreitet er. Auch beginnt Herr Krüger am ersten Tag des Mietverhältnisses damit, ein Störungsprotokoll zu führen.

Die Nachbarn sind sich keiner Schuld bewusst. Die zehnjährige Tochter der Familie übt nachmittags fleißig Tonleitern und kleine Musikstücke. Familie Yildiz wunderte sich schon, als sie laute Schreie aus der Wohnung von Familie Krüger hörten: »Ruhe!«, »Schluss jetzt!« Dies bezogen sie jedoch nicht auf sich selbst. Nun wissen sie nicht recht, was sie tun sollen: Einerseits liegt ihnen an einer guten Nachbarschaft, andererseits sind sie nicht bereit, sich in ihrer Lebensführung einschränken zu lassen. Sie bieten an, das Klavierspiel auf bestimmte Stunden am späten Nachmittag zu begrenzen, um Herrn Krüger nicht noch weiter gegen sich aufzubringen. Frank Krüger ist jedoch nicht bereit, irgendeinen Kompromiss zu akzeptieren. Erst als der Vermieter ihm klar mitteilt, dass seine Beschwerde über das Klavierspielen keinen Erfolg haben wird, ist von ihm zunächst nichts mehr zu hören.

Nach einigen Wochen trifft in der Wohnungsverwaltung eine E-Mail ein. Der Beschwerdegrund hat sich nun verschoben: »Rechtsgültig« beschwert er sich »per Lärmprotokoll« über nächtliche Geräusche von Familie Yildiz. Er verweist auf die Rechtslage, in Deutschland müsse ab 22 Uhr Ruhe, und zwar »absolute Ruhe« herrschen. Präzise beschreibt er die Geräusche: Türenklappen, Trittgeräusche »mit Straßenschuhen (Absatz)« und Ähnliches. Einen Spielraum für Lebensäußerungen von Nachbarn gesteht er diesen nicht zu: Laut Gesetz gebe es dazu »keine freie Meinung.« Und auch dem Vermieter wird kein Gestaltungsspielraum beim Umgang mit seiner Beschwerde eingeräumt. Gern sei er bereit mithilfe seines Fachanwalts sein Recht gerichtlich durchzusetzen.

Herr Krüger lässt keinen Zweifel: Hier gilt nur sein eigener Maßstab bei der Bewertung nachbarschaftlichen Verhaltens. Er hat starke Überzeugungen: Geräusche dürfen gar nicht in seine Wohnung dringen. Seine Nachbarn und auch die Wohnungsverwaltung haben sich diesem Maßstab zu unterwerfen. Einen Tag später folgt eine weitere E-Mail. Auffällig ist die Verwendung von Rechtsbegriffen als kommunikativen Waffen. Diese sollen Widerspruch im Keim ersticken. Dort ist von »Erfüllungsansprüchen«, diversen Paragrafen und einem »Zurückbehaltungsrecht« der Miete die Rede. Anscheinend will Herr Krüger sagen: »Ich weiß Bescheid. Mit mir ist nicht zu spaßen.« Einen weiteren Tag später folgt die nächste E-Mail, in der sich Herr Krüger auf handwerkliche Aktivitäten der Nachbarn bezieht. Nun schreit er schriftlich, dass es ihm »reicht«, garniert mit 15 Ausrufezeichen. Die zuvor mit Rechtsbegriffen bemäntelte Wut findet nun durch diese semantische Ausgestaltung einen direkten Ausdruck.

Die Gegnerschaft von Herrn Krüger zu den Nachbarn entsteht nicht aus einer missglückten Vorbeziehung. Denn diese Gegnerschaft ist der einzige Inhalt der nachbarschaftlichen Beziehung. Nachbarschaft fällt hier mit Rechtsansprüchen zusammen. In diesem rigiden Denkmuster gibt es keinen Spielraum für Nachsicht oder Kompromisse. Das Wohnhaus ist kein sozialer Raum, der den kommunikativen Austausch über wechselseitige Ansprüche zulässt, sondern eine Ge- und Verbotszone für die Nachbarn. Es gibt für Herrn Krüger eben »keine freie Meinung.« Eine gute Nachbarschaft zeichnet sich in diesem Sinne dadurch aus, dass die Nachbarn unsichtbar und unhörbar sind – folgsam oder abwesend.

Bei meinen Besuchen bei Frank Krüger fällt mir auf, dass er seiner Frau über den Mund fährt, auch wenn sie seine Schilderungen bestätigt. Und wenn der Säugling weint, schickt er seine Frau sofort los, um für Ruhe zu sorgen. Er wirkt dann nervös. Ich besuche Herrn Krüger noch oft. Seine Beschwerden flackern immer wieder kurz und heftig auf. Einmal ist es das Lachen der Nachbarn: Er springt dann ins Treppenhaus und brüllt: »Ruhe!« Über Monate ärgert ihn das Geräusch der Fenster, wenn die Nachbarn sie am Abend zuklappen. Er führt dann lange Listen mit minutengenauen Angaben.

Nie fand er den Weg zu seinen Nachbarn. Nie war ihnen ein Vorwurf zu machen. Niemals fühlte ich mich wohl, wenn ich auf seinem Sofa saß.

Auf der Lauer

Die Akte von Berthold Beck ist schwer: Dutzende von Schreiben, von denen sich das längste über 25 Seiten erstreckt, einzeilig gedruckt in Zehn-Punkt-Schrift. Die Akte deckt die Ereignisse von drei Jahren ab. Die älteren Störungsprotokolle überfliege ich gelangweilt. An den jüngeren Schreiben packt mich ihre dramaturgische Kraft. Die persönlichen Begegnungen mit ihm sind von buchhalterischen Aufzählungen von Störungsereignissen geprägt. Monolog statt Dialog. Die Schreiben jedoch werden über die Jahre zu einer eigenen Kunstform. Im ersten beschwert sich Herr Beck noch ganz konventionell über die Störungen von Julian Schiller: »Außerdem pfeift er oft sehr laut in seiner Wohnung und gibt eine Art Urschrei von sich, sodass sich mir der Gedanke aufdrängt, er sei nicht ganz richtig im Oberstübchen.« Herr Beck erfindet eine pfiffige paradoxe Intervention: »Ich habe Herrn Schiller eine Tafel Schokolade durch den Briefschlitz seiner Wohnungstür gesteckt und einen kurzen schriftlichen Gruß, mit dem ich mich für sein rücksichtsloses Verhalten bedanke.«

Nach Jahren der Übung sind die Beschreibungen deutlich differenzierter. Nun richten sich die Beschwerden gegen Herrn Khalil: »Montag, 14.08., 03:00 Uhr: Herr Khalil kommt zusammen mit einem Landsmann nach Hause. Beide gehen mit ziemlichem Polterschritt und laut redend durchs Treppenhaus nach oben. In der Khalil'schen Wohnung angelangt, geht die laute Unterhaltung weiter, und es wird rücksichtslos herumgetrampelt (viel und viel zu lauter Trittschall in der Wohnung Khalil). 03:25 Uhr: Ich klopfe wegen dieser unerhörten Störung der Nachtruhe dreimal energisch gegen meine Wohnzimmerdecke. Erfolg meines Klopfens: Null. 04:00 Uhr: Wieder einmal beginnt das Khalil'sche Bett ständig zu knarren und zu knacken. Dabei waren an der Unterhaltung ab 03.00 Uhr allem Anschein nach doch nur Männerstimmen zu hören.«[39] Gerade die Anwesenheit von Personen, die Herr Beck als Ausländer identifiziert, lösen bei ihm »Stirnrunzeln« aus: »18:52 Uhr: Ein schwarzhaariger junger Mann, bekleidet mit einer Jeansjacke und einer Schirmmütze, offensichtlich ein Ausländer, geht aus der Wohnung K. davon. Herr K. ist noch nicht wieder zu Hause. Mit anderen Worten: Wieder einmal war ein Fremder für mehrere Stunden allein in der Wohnung K. 21:20 Uhr: Jemand betritt Herrn K.s Wohnung, wie ich höre. Vermutlich ist es Herr K. selbst.«

Im Laufe der Jahre wird die Dokumentation des Lebens seiner Nachbarn zum Inhalt seines eigenen Lebens, anders wäre es gar nicht möglich, alles so präzise zu protokollieren. Adressaten seiner Klagen sind der Wohnungsverwalter, die Geschäftsführung des Vermieters, die Polizei, diverse andere Amtsträger und ich. Den Tag der offenen Tür beim Amtsgericht nutzt er intensiv, um »vorzusprechen«. Bei alldem fehlt jede Differenzierung: Dass er etwas von seinen Nachbarn hört oder sieht, reicht aus. Er scheint ihnen die blanke Tatsache vorzuwerfen, dass sie in seinem Haus *leben*. Ähnlich beschreibt es Herr Beck in einem der Schreiben selbst: Als er Herrn Schiller zur Rede stellt, erwidert dieser, »er könne hier nicht so leben, wie er wolle, und sei deshalb immer nur für kurze Zeit in der Wohnung. Ich entgegnete, dass er, wenn er so leben wolle, wie er möchte, hier ausziehen müsse.«

Aber auch die Erzählperspektive ändert sich im Laufe der Jahre. Die Lesenden haben es nun mit einem allwissenden Erzähler zu tun, der mit den Gewohnheiten der Nachbarn auf intime Weise vertraut ist: »23:16 Uhr: Frau Tilke beginnt ein Vollbad mit einer unerhörten Lärm- und Planschorgie. (Lärmorgie soll hier heißen, Frau T. versetzt die Badewanne in sehr starke Schwingungen.) Ich denke wieder einmal: Ist die Frau von Sinnen? 23:45 Uhr: Frau T. hat ihr Vollbad (mit einem gelinde gesagt beachtlichen Wasserverbrauch) beendet. Im Anschluss höre ich sie die ganze Zeit – mit kleinen Unterbrechungen – laut summen und pfeifen.«

39 In älteren Schreiben wertet Herr Beck die rhythmischen Bettgeräusche als Hinweis auf Sex: »die Nebengeräusche des Khalil'schen Beischlafvergnügens«.

Herr Beck gibt sich in seinen späteren Schreiben allerdings nicht mehr damit zufrieden, sich das Leben seiner Nachbarn in ihren Wohnungen auszumalen. Er forscht ihnen detektivisch hinterher. So erfährt er von einem Arbeitskollegen von Herrn Khalil, dass dieser zuvor bei seiner Schwester gewohnt habe. Später habe er einem Cousin »Unterschlupf« gewährt, bevor dieser »nach seiner Ergreifung durch die Polizei zunächst in Celle inhaftiert gewesen und dann abgeschoben worden« sei.

Schließlich baut Herr Beck ein Netz von Informanten auf, die ihm tiefe Einblicke in das Leben von Herrn Khalil verschaffen. Er fasst die Aussage eines Arbeitskollegen seines Nachbarn zusammen: »Herrn Khalils Frau, eine *Deutsche*, hätte dem Cousin Papiere für den Aufenthalt in Deutschland verschafft.« »Herr Khalil hätte seine Frau auch während der Schwangerschaft wiederholt geschlagen und ihr mit Mord gedroht.« Diese Schreiben unterscheiden sich in einem Detail von allen Schreiben anderer Mieter: Sie enden ohne jegliche Forderung. Er will nun nicht einmal mehr, dass die Nachbarn für Lärm abgemahnt werden. Er ist einfach auf seine Ermittlungsergebnisse stolz.

Einige Nachbarn haben das Weite gesucht und sind ausgezogen. Nur Lieselotte Tilke setzt sich noch eine Zeit lang zur Wehr. Als ihr Herr Beck und ein Freund über den Weg laufen, erklärt sie diesem, was sie von ihrem Nachbarn hält: »Der ist bekloppt. Das wissen alle im Haus!« Tatsächlich liegt der Wahn auf beiden Seiten: Frau Tilke erleidet mehrere psychotische Schübe und zieht schließlich aus. Herr Beck triumphiert und hält sich für völlig normal: »Der häusliche Frieden ist nicht durch mich, sondern durch das vertragswidrige Verhalten z. B. von Herrn Schiller, Herrn Willhelm, Frau Tilke und Herrn Wasmuth gestört worden.«

Resümee

Für Herrn Krüger und Herrn Beck sind Nachbarn Störfaktoren. Nachbarschaft ist das Befolgen von Regeln. Der soziale Raum wird nicht gestaltet, sondern überwacht. Die Relevanz und der Geltungsbereich von Regeln werden nicht ausgehandelt, sondern sie werden nach eigenem Verständnis durchgesetzt. Nachbarn mit Migrationshintergrund sind favorisierte, aber nicht die einzigen Ziele ihres Hasses. Beide blicken mit einem überreizten Fehlerfokus auf die Nachbarschaft. Jedes Geräusch und jedes Paar Schuhe im Treppenhaus sticht ihnen ins Auge.

> »Das Herauslösen eines Objekts (d.h. einer Einzelheit) aus dem Gesamtzusammenhang ist aber wichtig, wenn man gefährliche Dinge bemerken [...] will. [...] Wenn dieses System bei einem Menschen besonders häufig aktiviert wird, dann kann er geradezu ein Unstimmigkeitsexperte werden: Er bemerkt jeden Fehler und findet jedes Haar in der Suppe« (Kuhl, o.J., S. 9).

In dem Persönlichkeitsmodell von Julius Kuhl ist der Fehlerfokus von negativen affektiven Zuständen begleitet, zum Beispiel von Angst oder Wut: »Negative Stimmungen aktivieren gemäß der PSI-Theorie das Objekterkennungssystem in Verbindung mit einer besonderen Sensibilität für Unstimmigkeiten und potenzielle Gefahrensignale« (ebd.). Der Fehlerfokus hat sich bei Herrn Krüger und Herrn Beck zu einer toxischen Haltung verfestigt. Er dient ihnen als eine Waffe, mit der sie die Nachbarn und den Vermieter dominieren wollen – kleine Versäumnisse geraten zu schweren Verfehlungen.[40]

Hinter dieser Haltung verbirgt sich ein Sozialcharakter, der vom Mitmenschen Gehorsam gegenüber Ordnungsregeln fordert, wie er sie sich selbst abverlangt: Ihm sind »Getriebensein zur Arbeit, Sparsamkeit, Bereitwilligkeit, sich als Werkzeug außerpersönlicher Zwecke nutzen zu lassen, Asketizismus, zwanghaftes Pflichtgefühl zur zweiten Natur geworden, weil er sich so erhofft, Glück zu erreichen« (Fromm, 1970, S. 92). Dieser Sozialcharakter ist von einem feinen Empfinden geprägt, wo Mitmenschen gegen Regeln verstoßen. Er wähnt sich in Übereinstimmung mit einer gesellschaftlichen Mitte, ohne zu prüfen, ob diese (noch) gilt. Frank Krüger ist ein Extrem dieses Typs: leblos, kalt und jähzornig. Berthold Beck trägt die Maske des Normalen und sortiert dahinter mit buchhalterischer Genauigkeit Bruchstücke des gelebten Lebens seiner Nachbarn, bemisst den Grad der Verfehlung und erfreut sich angewidert daran.

40 Die Einseitigkeit der Eskalation durch Herrn Beck und Herrn Krüger rechtfertigt es, hier von Inflikten zu sprechen – von Angriffen, denen jene Beidseitigkeit fehlt, die Konflikte prägt. Dasselbe trifft auf Herrn Miller und Frau Massloff zu.

Betreten verboten

Wenn mehrere Parteien eines Hauses oder eines Wohnquartiers miteinander streiten, dann handelt es sich oft um Machtkämpfe, die sich über Jahre hinziehen. Wie sich dieser Kampf entwickelt und wer schließlich »siegt«, hängt wesentlich davon ab, wie gut sich die Widersacher organisieren. Ihre Organisationsfähigkeit scheint für den Erfolg sogar eine größere Rolle zu spielen als ihre Aggressivität oder die Anzahl an Kampfgenossen. Auch der ideologische »Überbau«, der die eigene Position mit Legitimität ausstattet, scheint für die Schlagkraft eher eine flankierende Rolle zu spielen.[41]

Warum spielt die Organisationsfähigkeit eine so bedeutende Rolle für den Sieg? Der Grund ist trivial: Gelingt es einer Gruppe, sich exklusiv den Zugang zu Ressourcen zu verschaffen und Nicht-Mitglieder von diesem Privileg auszuschließen, so sind für die Ausgeschlossenen »viel stärkere Impulse notwendig, um das Niveau der Organisationsfähigkeit zu erreichen, das sich für die [...] Privilegierten fast von selbst ergibt. Die bloße Handlungsbereitschaft – ›die Entschlossenheit zur Tat‹ – schafft den Ausgleich nicht« (Popitz, 1968, S. 13). Nur weil die Privilegierten bereits herrschen, »können sie diese Überlegenheit ständig reproduzieren und eventuell weiter ausbauen« (ebd.). Heinrich Popitz entwickelt diese Gedanken am Beispiel eines Schiffsdecks, auf dem für die Passagiere nur eine begrenzte Anzahl an Liegestühlen zur Verfügung steht. Sobald sich eine Gruppe ent-

41 Die eigene Organisationsfähigkeit zeigt sich auch darin, Außenstehende vor den eigenen Karren zu spannen. Bei Nachbarschaftskonflikten sind das der Vermieter, Hausmeister, die Polizei, Ämter und Behörden, politische Entscheidungsträger oder Massenmedien, die auf die eigene Seite gezogen werden. Sehr oft versuchen Konfliktparteien auch, einen Vermittler wie mich auf die eigene Seite zu ziehen: durch langwierige Erklärungen, inständige Appelle an das Mitgefühl oder unverhohlene Drohungen.

schließt, die anderen Passagiere vom Gebrauch dieser Liegestühle auszuschließen – indem sie jeden vertreibt, der nicht zu ihrer Gruppe gehört –, schafft sie eine Ordnung, in der die Nicht-Privilegierten größte Schwierigkeiten haben, diesen einmal etablierten Zustand wieder zu beseitigen. Hier wirkt die normative Kraft des Faktischen.

Bei Popitz ist es eine Gruppe von Neuankömmlingen, die sich durch Selbstorganisation diesen Vorteil verschafft. Ich möchte mit zwei Beispielen zeigen, wie es Mietern gelingt, ein »Recht der Älteren« zu etablieren, indem sie Verhaltensgewohnheiten und Normen schaffen, die neue Nachbarn ins Abseits stellen.[42]

Fußballterror

In den 1950ern entstand in einem Vorort einer größeren Stadt ein neues Wohnviertel. Viergeschossige, grau verputzte Wohnblöcke stehen leicht gegeneinander versetzt in Reihen. Niedrige Jägerzäune frieden großzügige Rasenflächen ein. Die Häuser sind durch Sackgassen erschlossen: Luft, Licht und Ruhe. Bis in die 1980er waren die Erstmieter nahezu unter sich, zumeist Facharbeiter und einfache Angestellte. Zumindest nach außen lebten diese Familien in einem Gleichklang, der von dem Wunsch getragen wurde, normal zu sein – also bescheiden, pflichtbewusst und unauffällig. Das neue Auto des Nachbarn wurde sorgfältig taxiert.[43]

In den 1990ern ändert sich das Bild. Neue Nachbarn bringen ihren eigenen Wohn- und Lebensstil ein: junge Familien ohne die tiefe Besorgnis, was die Nachbarn über sie denken könnten, wenn sie Spaß haben. Die heilige Hausordnung verliert an Geltungskraft. Und langsam bildet sich zwischen diesen beiden Gruppen eine feine Bruchlinie heraus. Die älteren Mieter beklagen nun, was nicht mehr von selbst funktioniert: die Kehrwoche, die Nachtruhe und das Löschen des Lichts im Keller: »Das kostet unser aller Geld!«

---

42 Das erste Beispiel illustriert, dass der Kodex, dem sich der Neumieter zu unterwerfen hat, keineswegs »bürgerlich« sein muss. Hier wird dem Neumieter abverlangt, sich mit Lärm und Müll anzufreunden.

43 Beschwerden über Nachbarn gab es zu dieser Zeit kaum. Sehr wohl aber tratschten die Bewohner übereinander. Dieser Tratsch schien ein hilfreiches Ventil zu sein, wenn Nachbarn von der Norm abwichen.

Bald sind die Kinder der jungen Familien im Schulalter und entwickeln Bewegungsdrang. In den Beschwerdeschreiben ist von »Horden« von Kindern die Rede, die mit ihrem Fußballspielen den Nachbarn die Ruhe und den Frieden rauben. Es würde dabei so ein Krach gemacht, dass man das Fernsehprogramm wohl »sehen, aber nicht hören« könne. Fünf Nachbarn haben diese Beschwerde unterschrieben, Fotos der tobenden Kinder liegen bei. Schwerer gesundheitlicher Schaden wird befürchtet und Hilfe erhofft, bevor jemand »mit Herzinfarkt ins Krankenhaus kommt.«

Die Wohnungsverwaltung reagiert eilfertig und verspricht, die Eltern der Kinder anzuschreiben. Der Kundenbetreuer übernimmt die Sichtweise der Beschwerdeführer und verschickt ein Rundschreiben, in dem von »unnötiger Störung der Nachbarschaft« und »Beschädigungen der Bausubstanz« die Rede ist. Mit diesem Schreiben sind die Fronten klar: auf der einen Seite die älteren Mietparteien mit der Wohnungsverwaltung, auf der anderen Seite die jungen Familien.

Wer sich im Recht fühlt, neigt nicht dazu, Milde walten zu lassen. Ende der 1990er hat sich der Ton verschärft und es ist von »Fußballterror« die Rede. Die Forderungen werden bissiger: Mehrere Mieter fordern »Autostellplätze auf dem Rasen« und höhere Zäune, dann würde das Fußballspielen »automatisch aufhören«. Auch Schilder auf den Rasenflächen könnten helfen: »Fußballspielen verboten!« In den Schreiben der Beschwerdeführer spiegelt sich wider, was sich zwischen den Konfliktparteien abspielt. Besonders ein Geschwisterpaar, deren Mutter mit einem Mann zusammenlebt, »der eine Kneipe hat«, würde »frech werden, wenn man sie wegjagen will«. Eine Mutter schreie aus dem Fenster: »Wem das nicht passt, der soll doch ins Altenheim gehen!« Von Versuchen, mit den Kindern oder deren Eltern ins Gespräch zu kommen, ist in diesen Schreiben hingegen nie die Rede. Die Beschwerdeführer schöpfen ihren Anspruch aus dem Gefühl der moralischen Überlegenheit: Die neuen Mieterinnen und Mieter seien »Abschaum«. Außerdem fühlen sich die Alteingesessenen bedroht. Führen wir uns noch einmal vor Augen: Es handelt sich um Kinder im Alter von sechs bis zwölf Jahren. Gelegentlich sind die Beschwerden fremdenfeindlich grundiert: Auch Freunde und Angehörige hätten Mitleid, weil sie in diesem »asozialen Weg« wohnen müssten: »Nichts als Ausländer und diese Kinder dürfen alles.«

Der Kundenbetreuer mahnt die jungen Familien nun reihenweise ab. Zudem wird der Hausmeister angewiesen, die Kinder zu vertreiben. Dies führt zu einem regelrechten Versteckspiel, wenn er mit erhobener Faust und lautem Gebrüll auf die Kinder zustürmt, die dann in alle Richtungen auseinanderlaufen und ihr Spiel fortsetzen, sobald ihr Peiniger wieder verschwunden ist. Mir gegenüber bedauert er, auf körperliche Züchtigung der Kinder verzichten zu müssen: »Ich habe noch ganz andere Zeiten erlebt.« Was stört, muss weg. Darin sind sich die Alteingesessenen, der Kundenbetreuer und der Hausmeister einig. Die Kinder beugen sich dem nicht und gehen mit »frechen Antworten« in den Widerstand und »ein türkischer Junge zieht sogar die Hose herunter und zeigt uns den nackten Po!« Aber auch die Eltern wehren sich nun schriftlich gegen die Beschuldigungen: Sie versichern, dass ihre Kinder niemanden bedrohen, und hoffen, dass man solche Probleme »auf freundlicherer Basis« regeln könnte.

Nun gerät dieser Konflikt bei den Führungskräften des Vermieters in den Fokus. Das Unternehmen versucht in den nächsten Monaten, mit den Kindern und ihren Eltern ins Gespräch zu kommen und ihre Lage besser kennenzulernen. Die Verwaltung versteht nun, dass dieser Konflikt keinen Sieger haben kann und darf. Und zum ersten Mal wird die Situation von mehreren Seiten beleuchtet: Da ist auf der einen Seite der Lärm, die Beschädigung der Grünflächen, der Büsche und eines Kellerfensters, das als Tor herhält. Auf der anderen Seite bemerkt die Wohnungsverwaltung, dass die Kinder keinen Ort zum Spielen und erst recht nicht zum Fußballspielen haben. Es existiert zwar ein Spielplatz, der sich etwa 200 Meter entfernt befindet. Der dient jedoch Jugendlichen und Erwachsenen als Begegnungsort. Zudem ist dieser Platz verdreckt und im Ruf, dass dort ein derber Umgangston gepflegt wird. Die Kinder trauen sich nicht, dort zu spielen.

Die Wohnungsverwaltung versucht nun, Alternativen für die Kinder zu erschließen, legt Listen von geöffneten Schulhöfen und Flächen an, die für Fußball und Ähnliches geeignet sind, und spricht darüber mit Behörden und Ämtern. Aus zwei Gründen ist der Erfolg dieser Versuche begrenzt: Zum einen befinden sich diese Flächen in einer Entfernung, die für die kleineren Kinder nicht zu bewältigen ist, sie müssten Hauptverkehrsstraßen überqueren. Zum anderen ist die Gegnerschaft zu weit fortgeschritten. Zwar gestehen einzelne Senioren zu, dass es nun ruhiger sei. Und auch ein paar Eltern entspannen sich. Zu gemeinsamen Gesprächen haben sich die Parteien jedoch nie bereitgefunden. Der kalte Krieg ersetzt nun den heißen.

Insgesamt dauerte dieser Kleinkrieg mehr als zehn Jahre. Dann waren die Beschwerdeführer und die Kinder zu alt dafür. Nachträglich betrachtet, liegt sein Schaden weniger darin, dass Scheiben zu Bruch gegangen sind, Rasenflächen litten und die Mittagsruhe gestört wurde, sondern dass die

Mietparteien lernten, sich als Gegner zu sehen. Der Konflikt fand Eingang in das tägliche Denken, Fühlen und Handeln gegenüber Menschen der unmittelbaren Umgebung. Beide Seiten machten mobil: Sie suchten Bündnispartner, formulierten Beschwerdeschreiben, drohten, brüllten und beleidigten ihre Nachbarn und kultivierten die eigene moralische Überlegenheit. Vor den Häusern begann die Kampfzone. Bei schönem Wetter waren die Nachmittage davon geprägt, dass die Beschwerdeführer aufmerksam darauf achteten, ob »es schon wieder losgeht.«[44] Das nachbarschaftliche Leben fand unter den wachsamen Augen der Alteingesessenen statt. Sie stellten Regeln auf, an denen die Neuen auch deshalb scheitern sollten, damit sie an ihrer Stigmatisierung selbst schuld wären. Einige Mieter sahen sich als Kämpfer, die die schwere Last des Krieges um die Vorherrschaft über den Vorgarten zu tragen hätten. Und die Kinder lernten, wie leicht sich Senioren provozieren lassen, und begannen, daran mehr Spaß zu haben als am Fußballspielen. Am Ende hat dieser Kleinkrieg auf beiden Seiten nur das Schlechte kultiviert.

Neue Heimat

Mikhail Bialik kam vor zwei Jahren aus Russland nach Deutschland. Beruflich möchte er durchstarten. Beeinträchtigt wird sein Fleiß durch die Nachbarn. Wenn er abends versucht, zur Ruhe zu kommen, stört ihn das Rauchen von Frau Umarova. Schon vor mehreren Wochen ging er zu ihr hoch und hat sie darüber aufgeklärt, dass Rauchen im Treppenhaus untersagt ist. Herr Bialik baut darauf, dass sein Hinweis an die Nachbarin und das Schreiben des Vermieters wirken: »Ich habe Asthma.« Das ist nicht der Fall und so spricht Herr Bialik sie erneut an, worauf sie »sehr aggressiv« reagiert und ihn beleidigt. Er schreibt: »Frau Umarova sagt, er sei ›bescheuert‹ und ›alle Juden müssten nach Israel abgeschoben werden.‹« Frau Umarova scheint um seine Religionszugehörigkeit zu wissen und nutzt diese, um eine zweite Konfliktebene zu eröffnen: Seine Kritik an ihrem *Verhalten* beantwortet sie also mit einer Beleidigung seiner *Person* – ein antijüdisches Foul. Herr Bialik hingegen bleibt sachlich und beschwert

44 Ich habe mir selbst oft das Treiben der Kinder und der anderen Akteure angeschaut, wenn ich in der Gegend war. Da ich mich nicht als Schiedsrichter betrachtete, blieb ich auf Abstand. Außer einmal, als der Hausmeister die Kinder jagte.

sich nun auch über nächtlichen Lärm durch Frau Umarova und ihre Gäste: Sie reden laut und rücken Möbel so, dass er nicht schlafen kann.

Mikhail Bialik schreibt seinem Vermieter nun regelmäßig. Stets beschreibt er präzise das Fehlverhalten von Nachbarn: Herr Lebedew mache »nach 22 Uhr Party mit seinen Gästen«, setze sich mit seinen Gästen um »0.20 Uhr in einen Volkswagen«, »lässt die Türen offen« und »macht die Musik sehr laut an.« Den nächsten Tag sucht Herr Bialik ihn auf und bittet um Ruhe – ohne Erfolg. Auch Schreiben des Vermieters und die von ihm gerufene Polizei erzielen nicht die erwünschte Wirkung.

Mehrere Wochen nach seiner ersten Beschwerde lerne ich Herrn Bialik kennen. Seine Sozialwohnung befindet sich in einer »schwierigen Nachbarschaft«. Die Zahl der Transferleistungsempfänger ist hier deutlich höher als im Durchschnitt des Stadtgebiets, die Häuser aus den 1950ern sind schlicht und wurden über die Jahrzehnte nicht wesentlich saniert – der Vermieter denkt an Abriss. Sperrmüll stapelt sich in einem Vorgarten, die Klingel- und die Briefkastenanlage des Hauses sind beschmiert und beschädigt. Die Wohnung von Herrn Bialik gleicht einer Insel in diesem Umfeld: Die einfache Möblierung in Wohnzimmer und Küche ist blitzsauber, ordentlich sortiert liegen Bücher, Hefte und andere Papiere auf Stapeln. Herr Bialik macht einen verzweifelten Eindruck. Er versteht nicht, warum niemand ihm hilft. Er will doch nur seine Ruhe. Er vermutet, dass der Vermieter und die Polizei ihm Hilfe verweigern: »Ich dachte, in Deutschland hat alles seine Ordnung.«

Tamara Umarova versteht das Problem nicht. Die etwa 50-jährige Frau sieht Herrn Bialik als eine Art Störenfried, der aus der Reihe tanzt. Sie hat sich zu Beginn ihres Mietverhältnisses gelegentlich mit ihm unterhalten, darüber hinaus gibt es aber keinen Kontakt. Mein Gespräch mit ihr ist kurz und findet zwischen Tür und Angel statt. Das Ganze ist ihr lästig. Sie sieht keinen Grund, ihr Verhalten noch weiter zu überdenken: Herr Bialik sei derjenige, der sich anpassen müsse. Ich notiere ihre Worte: »So wie Sie das sagen, so läuft das hier nicht.«

Waleri Lebedew bittet mich in seine Wohnung. Er hat alte Decken vor die Fenster gehängt, um das Tageslicht draußen zu halten. Kleidung verteilt sich auf dem Boden, als Bett hat er nur eine Matratze. Das Gespräch missglückt: Nachdem ich ihm die Situation erklärt habe, grummelt er, dass er mit seinen Freunden mal reden wolle. Dann schiebt er mich sanft und nachdrücklich zur Tür.

Als Vermittler habe ich keine Chance, mit Frau Umarova und Herrn Lebedew ins Gespräch zu kommen. Hier ist eine Fremdheit im Spiel, die sich nicht einfach dadurch aufheben lässt, dass man sich kennenlernt. Ich kann noch nicht einmal einschätzen, ob es Misstrauen ist oder Gleichgültigkeit, was mir hier entgegenschlägt. Für eine Vermittlung in diesem Nachbarschaftskonflikt müsste von beiden Seiten akzeptiert werden, dass es einen Grund gibt, das nachbarschaftliche Miteinander zu überdenken. Weder scheine ich jedoch als Gesprächspartner akzeptabel zu sein, noch leuchtet Frau Umarova und Herrn Lebedew ein, dass Herr Bialik Ansprüche an sie stellt.

Aus Sicht der Nachbarn ist es Herr Bialik, der hier nicht hineinpasst. Die laute Musik von Herrn Lebedew, die fehlerhafte Müllentsorgung und das Rauchen im Treppenhaus von Frau Umarova stoßen bei keinem anderen Nachbarn auf Missempfindungen.[45] Diese Kluft zwischen Herrn Bialik, Frau Umarova und Herrn Lebedew irritiert mich, da alle drei Nachbarn aus GUS-Staaten stammen. Aus meiner naiven Perspektive schafft dieser Umstand eine Gemeinsamkeit, für Herrn Bialik hingegen scheint die ähnliche Herkunft aber eher ein Problem zu sein: Frau Umarova weiß um seine Religionszugehörigkeit und beleidigt ihn dafür.

Herr Bialik ist enttäuscht. Weder der Vermieter noch die Polizei zeigen Autorität, um seine Interessen durchzusetzen. Die geringe Durchsetzbarkeit von Ruhe und Ordnung lässt das Bild erodieren, das er sich von Deutschland machte. Auch die judenfeindliche Formulierung von Frau Umarova hat beim Vermieter und der Polizei keinerlei Konsequenzen. Und bei Herrn Bialik entsteht der Eindruck, hier doppelt unerwünscht zu sein: als Sonderling im Wohnquartier, aber auch als Jude in einem Land, das Judenfeindlichkeit hinnimmt.

Mikhail Bialik wirkt mit seiner gewählten Ausdrucksweise, seinem korrekten Auftreten und seiner Empfindlichkeit in Bezug auf das Verhalten der Nachbarn in diesem Quartier verloren. Er erfährt hier eine *Unterschichtung*: Nach seiner Übersiedlung sortiert er sich in der deutschen Gesellschaft beruflich und im Wohnquartier in eine Unterschicht ein, zu der er nach eigenem Selbstverständnis nicht gehört. In dieser Nachbarschaft ist er in ein distanziert-prekäres Migrantenmilieu geraten, von dem er sich abheben will. Die Beschwerden über

45 Aus »bürgerlicher« Perspektive erscheint das Leben in einer »gefährdeten Nachbarschaft« vielleicht trostlos. Oft ist der soziale Zusammenhalt zwischen den Nachbarn jedoch stärker ausgeprägt als in »bürgerlichen« Wohnquartieren. Oft entwickelt sich ein Jargon, ein Lebensstil und auch ein Stolz, der den optischen Eindruck konterkariert. In einer eigenen Befragung der Mieterinnen und Mieter eines solchen »Brennpunkts« stand die negative Außenperspektive im Kontrast zu der Zufriedenheit der Mieterinnen und die Mieter mit dem nachbarschaftlichen Zusammenleben.

seine Nachbarn sind in dieser Hinsicht auch als eine Absetzbewegung gegenüber Menschen derselben Herkunft zu verstehen: Mit ihnen möchte er nicht gleichgesetzt werden, denn sie verkörpern, was er hinter sich lassen will. Die Vertreter der Aufnahmegesellschaft hingegen verweigern ihm eine Unterstützung, durch die er sich hier zugehörig fühlen könnte.

Einige Wochen beschwert sich Mikhail Bialik weiterhin beim Vermieter. Da den Nachbarn nun mietrechtliche Konsequenzen drohen, dämpfen sie die Geräuschkulisse. Herr Bialik sucht sich dennoch eine neue Wohnung.

Resümee

Hier geht es um Herrschaft: Den Ausgeschlossenen wird von vornherein die Partnerschaft verwehrt, gemeinsam die Frage zu beantworten, wie das Zusammenleben im Quartier aussehen könnte. Ohne diese Partnerschaft bleiben »die Neuen« quasi exterritorial. Sie teilen mit den Etablierten lediglich die Anschrift, ansonsten hat man mit ihnen nichts zu tun.

Wir haben es in beiden Beispielen mit einer festgefahrenen Figuration zwischen zwei Mietergruppen zu tun: Etablierten und Personen, die zu Außenseitern erklärt werden. Es gelingt den Alteingesessenen, das Gefühl und die Einschätzung zu etablieren, bessere Menschen zu sein als die Zugezogenen, »ausgestattet mit einem Gruppencharisma, einem spezifischen Wert, an dem ihre sämtlichen Mitglieder teilhaben und der den anderen abgeht« (Elias & Scotson, 1993, S. 8).

So können wir in beiden Fällen beobachten, wie eine Gruppe alteingesessener Mieterinnen und Mieter versucht, Neuankömmlinge »auf Linie« zu kriegen. Neu zu sein, erlegt den Zuzüglern jeweils die Pflicht auf, die ungeschriebenen Regeln der Nachbarschaft zu verinnerlichen, in die eine wie in die andere Richtung: Im Falle des »Fußballterrors« werfen die Etablierten den Zugezogenen ihre lockere Einstellung gegenüber der Hausordnung vor. Dementgegen bekommt Herr Bialik mit seinen Nachbarn Ärger, weil er auf die Einhaltung der Hausordnung pocht. Wer sich der Anpassung verweigert, wird Zielscheibe von Schimpf und Schande und verliert das Recht auf Zugehörigkeit. Nachdem Mikhail Bialik erkennt, dass er der Diskriminierung nicht entgeht, sucht er das Weite.

Devianz: Der gestörte Nachbar

Unser Blick auf Nachbarn ist meist nur flach und flüchtig. Manchmal bekommen wir jedoch bizarre Dinge zu sehen oder zu hören, die sich nicht leicht vergessen lassen. Eine ältere Frau fiel in der Nachbarschaft auf, weil auf ihrer Wäscheleine Fische hingen. Wurde sie angesprochen, dann umarmte sie die Nachbarn mit einem fremdsprachigen Singsang. In den Augen ihrer Nachbarn galt sie als verrückt. Als ich sie besuchte, konnte mir mein russischsprachiger Dolmetscher nach wenigen Minuten schmunzelnd erklären, dass die Mieterin einfach nur ihren Fisch trocknete, wie sie es aus ihrem Dorf gewohnt war.

Natürlich leiden Mieterinnen und Mieter gelegentlich tatsächlich unter schwerwiegenden Störungen, zum Beispiel Wahnvorstellungen, Abhängigkeit von Rauschmitteln, schweren Depressionen oder Demenz. Diese Störungen können sich massiv auf das nachbarschaftliche Miteinander auswirken. Ein Ehepaar ist bestürzt, als es von einer älteren Dame beschuldigt wird, nachts um 3 Uhr Kinderlieder anzustimmen, um die Seniorin aus ihrer Wohnung zu vertreiben. Ein Mann schreit, weil die CIA in seiner Wohnung »hinter der Tapete lebt« und Geräte in seinen Körper einbaut, die ihn quälen und ihn zwingen, »Dinge« zu tun. Eine fast 90-jährige Frau hat in ihrer Wohnung sechs Fernseher – oft auf voller Lautstärke – und bedroht ihre Nachbarn mit einem langen Messer, wenn diese um Ruhe betteln.

Die Fähigkeit und die Bereitschaft, psychiatrisch erkrankte Mitmenschen zu tolerieren oder sogar zu unterstützen, ist begrenzt. Schnell gerät aus dem Blick, dass in erster Linie der kranke Mensch selbst unter seiner Störung leidet. Die Ungeduld hat auch etwas mit Unwissen zu tun. So wird dem Störenfried oft Absicht unterstellt: Kann sich nicht jeder ein wenig zusammenreißen? Außerdem ist der eigene Alltag massiv beeinträchtigt, wenn der Nachbar »verrückt« ist, also ein Verhalten zeigt, dass schwerwiegend von der Norm abweicht. Schließlich spielt Angst eine Rolle: Was ist, wenn der Wahnsinnige unseren Kindern etwas antut?

Kot im Keller

Christine Poschner hat die Geduld längst verloren: Sie ekelt sich vor ihrem Nachbarn. Jörg Schiltz lebt allein in der Wohnung gegenüber. Bis vor wenigen Jahren teilte er sich die Wohnung mit seiner Mutter, die dann ausgezogen ist. Sie habe den Wohnungszustand nicht mehr ertragen. Frau Poschner konnte einmal – durch den Briefkastenschlitz in seiner Wohnungstür – einen Blick in die Wohnung werfen: Dort stapeln sich über und über Kisten, Kartons und Zeitungen. Manchmal sieht sie Kerzenschein aus seiner Wohnung, und sie fürchtet einen Wohnungsbrand. Im Treppenhaus verbreitet sich ein modriger Geruch. Und ihre Kinder kamen neulich vom Spielen auf dem Innenhof und berichteten ihr, dass Herr Schiltz hinter einem Busch hockte und seinen Darm entleerte. Auch sie selbst hat ihn bereits im Gemeinschaftskeller bei derselben Tätigkeit angetroffen. Als sie ihn später darauf ansprach, hat er sich entschuldigt und Besserung gelobt.

Herr Schiltz reagiert nicht auf Anrufe, Klingeln an seiner Tür und Briefe, in denen ich ihn freundlich bitte, mit mir zu reden, wenn nicht in der Wohnung, dann gern auch irgendwo anders. Der Zufall will es, dass ein Gerüst an der Fassade steht, und so klettere ich nach oben, sehe ihn hinter der Scheibe und klopfe. Tatsächlich bittet Herr Schiltz mich in seine Wohnung und lässt sich auf ein Gespräch ein – wohl etwas überrumpelt. Er ist ganz in seiner Welt gefangen: Er grübelt, wo er was in seiner Wohnung platziert, wo er noch Kisten oder Schränke herbekommt: »Hätte ich einen großen Schrank, wäre es hier nicht so voll.« Dass ein Schrank die volle Wohnung noch weiter anfüllt, leuchtet ihm nicht ein. Der 32-jährige Mann wirkt unruhig, möchte nicht, dass ich mich auf einen Stuhl setze, weil ich dann alles in Unordnung bringen würde. Er ist sehr blass, ins Freie geht er nur notgedrungen. Er trägt einen alten, zerrissenen Blaumann. Ich werde ihn über Monate niemals in anderer Kleidung sehen. Jörg Schiltz ist vollkommen klar, dass der Zustand seiner Wohnung die Nachbarn und den Vermieter stört, »es ist zu viel geworden.« Aber die meisten »Unterlagen« benötige er, um sein Physikstudium abzuschließen, obwohl er es zurzeit nicht in die Universität schaffe. Aber von den Papierstapeln, die noch aus seiner Ausbildung zum Vermessungstechniker stammen, könne er sich »nach Durchsicht vielleicht zum Teil« trennen.

Bei weiteren Besuchen (nun durch die Wohnungstür) schildert er ein anderes Dilemma: Nach dem Tod seiner Großmutter, die um die Ecke wohnte, wollte er ihren Hausstand nicht einfach wegwerfen. Das habe erstens etwas mit seiner Liebe zu ihr zu tun und zweitens mit Respekt gegenüber den Dingen, die ja noch ihren Wert haben. Und so stapeln sich in seiner Dreizimmerwohnung Kleider, Nachthemden, Geschirr und vieles andere mehr von der verstorbenen Großmutter. Das Wohnzimmer ist bis zur Decke mit Papieren und Kisten angefüllt. Nur in der Mitte liegt zwischen den Bergen sein Schlafsack. Die Küche ist nicht mehr betretbar, da sich die Tür nicht mehr öffnen lässt. Im Bad und in seinem Esszimmer kippt das Sammeln in eine Verwahrlosung: Hier liegen alte Lebensmittel und es riecht nach Fäulnis.[46]

Herr Schiltz möchte es zunächst mit eigenem Aufräumen versuchen. Tatsächlich gelingt es ihm über Monate, sich von einzelnen Gegenständen zu trennen und die betretbare Fläche seiner Wohnung ein wenig zu vergrößern. Bei meinen Besuchen biete ich ihm stets an, Kontakt zu professionellen Helfern zu vermitteln, die sich mehr Zeit für ihn nehmen können. Das lehnt er strikt ab. Schließlich verschlechtert sich der Wohnungszu-

46 Jörg Schiltz ist also ein Horter: Seine Wohnung ist in Teilen nicht mehr betret- und nutzbar. Dieses »Vermüllungssyndrom« steht nach einer Studie des Sozialpsychiatrischen Dienstes der Stadt Dortmund in einem engen Zusammenhang mit sozialer Isolation: »90% waren nie verheiratet, sind geschieden oder verwitwert. 84% lebten allein. Der Altersgipfel liegt zwischen 45 und 65 Jahren« (Binspinck & Kuster, 2004, S. 4). Wie Herr Schiltz sind die wenigsten Menschen mit diesem Syndrom noch berufstätig, nur 5%, wenngleich berufliche Bildungsabschlüsse ähnlich verteilt sind wie in der Bevölkerung insgesamt. Auffällig ist die Komorbidität: »Die Betroffenen litten an Erkrankungen aus dem gesamten Spektrum psychiatrischer Krankheitsgruppen – von organischen Störungen bis hin zu schweren Persönlichkeitsstörungen und Intelligenzminderungen […]. Den Hauptanteil mit 85% machten vier Diagnosegruppen aus: Sucht: 41%, Psychosen: 17%, Depressionen: 14% und pathologisches Horten: 12%« (ebd.). Astrid Müller (et al., 2009, S. 244) fasst den Forschungsstand zusammen: »Es ist unklar, wie verbreitet zwanghaftes Horten tatsächlich ist. Samuels et al. (2008) schätzen, dass ungefähr 4% einer repräsentativen amerikanischen Stichprobe (n = 742) zwanghaft horten. Von den Patienten mit Zwangserkrankungen berichten ca. 20–40% über zwanghaftes Horten (z.B. Frost et al., 1996; Samuels et al., 2002). Die Symptomatik wurde zudem im Zusammenhang mit Schizophrenie (Luchins et al., 1992), Demenz (Hwang et al., 1998), Anorexia nervosa (Frankenburg, 1984) und Depression (Frost et al., 2000; Samuels et al., 2002; Shafran and Tallis, 1996) beschrieben.«

stand deutlich: Die Zimmer füllen sich weiter mit Gegenständen an, die in meinen Augen keinerlei Gebrauchswert haben. Nun geht von Herrn Schiltz der »menschliche Notgestank« aus. Und er macht mir deutlich, dass er nichts mehr ändern will. Daraufhin bricht er den Kontakt zu mir ab.

Mein Arbeitsansatz ist gescheitert.[47] Die Nachbarn formulieren nun Beschwerdeschreiben, in denen sie den Vermieter auffordern, gegen Jörg Schiltz vorzugehen und – wenn es nicht anders geht – ihm die Wohnung zu kündigen: Sie betonen, dass sie mit ihrer Geduld am Ende sind. Der Vermieter mahnt ihn mehrfach ab. Herr Schiltz hingegen verweist in einer schriftlichen Antwort auf die Unverletzlichkeit der Wohnung.

Die Lebensform von Herrn Schiltz ist eine Provokation für die Nachbarn. Im *Sammeln* gerät die Ordnung der Dinge durcheinander: Für Herrn Schiltz ist Wertloses wertvoll. Und in der *Verwahrlosung* verlieren die Örtlichkeiten und die Funktionen ihre kulturell etablierte Zuordnung: Wo man isst, wo man uriniert, was in den Müll gehört – all das löst sich auf. So fügt Herr Schiltz seinen Nachbarn visuelle und olfaktorische Schmerzen zu, indem er gängige Normen bricht, wie man auszusehen hat, wie man zu riechen hat, wie und wo man isst und den Darm entleert. Schlimmer noch quält sie ihre Vorstellung davon, was sich in der Wohnung von Herrn Schiltz abspielt. Sie ahnen, dass seine Beziehung zu Gegenständen fundamental anders ist als die ihrige. An ihre private Welt grenzt ein Gebiet, in dem die Zivilisation, wie sie sie kennen, aufhört. Vertraute Gebrauchsgegenstände und Lebensmittel gehen dort in einen naturhaften Zustand über, indem sie sich vermischen, durchfeuchten, vergammeln und sich verflüssigen. Die Wohnung wird organisch.

Die Provokation greift tief in den Alltag von Frau Poschner und den anderen Nachbarn ein: Schon im Treppenhaus riecht es. Frau Poschner ekelt sich nicht nur, sondern sorgt sich, dass die Verwahrlosung die Gesundheit ihrer Familie gefährden könnte: Sie fürchtet, »dass mal Tiere aus seiner Wohnung krabbeln und sich bei uns einnisten.«[48] Aber auch Herr Schiltz fühlt sich provoziert: Die Forderungen der Nachbarn und des Vermieters

47 Es liegt nahe, diesen Fall aus einer sozialarbeiterischen oder einer psychiatrischen Perspektive zu betrachten. Das kann an anderem Ort geschehen. Hier geht es um die nachbarschaftliche Dimension des Hortens und der Verwahrlosung von Herrn Schiltz.

48 Schwere Verwahrlosung, die die Substanz der Wohnung gefährdet oder Außenwirkung entfaltet, müssen die Nachbarn und der Vermieter zwar nicht hinnehmen, eine Infektionsgefahr geht davon aber selten aus.

gefährden seine Lebensführung. Und auch ich stelle seine Beziehung zu den Dingen, die ihm lieb und teuer sind, infrage und bedränge ihn. Dagegen wehrt er sich, indem er den Kontakt zu mir abbricht.

Nach dem Scheitern weiterer Kontaktversuche spricht der Vermieter die Kündigung der Wohnung aus. Ich rege beim Amtsgericht aufgrund einer mutmaßlichen psychotischen Störung eine Betreuung an. Der Betreuer stimmt mit richterlicher Genehmigung der Auflösung der Wohnung zu. Herr Schiltz wird mit polizeilicher Gewalt aus der Wohnung entfernt und in einer Psychiatrie geschlossen untergebracht. Die Wohnung wird geräumt. Das Sammelgut landet auf der Müllkippe.

Ernst Boesch schildert eine Szene, in der ihm auf einem Gehweg eine »dicke, schwarze Frau, strähnig das Haar, grellbunt der Rock, ölig glänzend das Gesicht« entgegenkommt – eine »ungepflegte Erscheinung« – und »spontan reagierte ich mit Widerwillen. Und ebenso spontan befremdete mich meine Reaktion. Ich habe in Afrika und Asien gearbeitet, manche meiner Freunde stammen aus anderen Kontinenten, ich bin mir keiner Fremdenfeindlichkeit bewusst – und trotzdem diese Reaktion?« (zit. n. Straub, 2019, S. 47). Auch Gestank löst – wie der Anblick seiner Quelle – eine körperliche Reaktion aus, die uns unwillkürlich darauf festlegt, dass es sich um Abzulehnendes handelt. Die Idiosynkrasie löst Forderungen nach der Beseitigung der Quelle und seines Verursachers aus. Ekel wird zur Abneigung und dann zur Ablehnung. Das Ekelhafte soll weg.

Wir sollten diesen Fall noch aus einer anderen Perspektive betrachten. Die Konfrontation mit einer Verwahrlosung birgt für uns auch ein selbstreflexives Potenzial: Die Andersheit der Lebensform von verwahrlosten Menschen und der durch sie hervorgerufene Ekel kann den Betrachter zum Nachdenken anhalten, was ihm an Sauberkeit und Ordnung denn eigentlich so wichtig ist. Natürlich kann Gestank ekelerregend sein, die Reaktion auf verwahrloste Nachbarn erweckt allerdings oft den Anschein, es ginge hier um Leben und Tod. Die eigentliche Provokation scheint darin zu liegen, dass hier die eigenen Sauberkeits- und Ordnungsnormen auf dem Spiel stehen. Die aggressive Forderung, der Verwahrlosung müsse um jeden Preis ein Ende bereitet werden, offenbart die repressive Dimension unserer Sauberkeitserziehung. Bedacht werden könnte darüber hinaus ja auch noch, was für den verwahrlosten Nachbarn auf dem Spiel steht: der Verlust der eigenen Wohnung.[49]

49 Vor Gericht obliegt es den Vermietern, präzise den Schaden zu substantiieren, der dem Haus oder den Nachbarn entsteht, um Aussicht zu haben, eine Räumungsklage we-

Kontakt durch Krawall

Hier stimmt etwas nicht: Geht man an diesem Haus vorbei, fällt der Schriftzug auf, der auf den Fensterscheiben der linken Erdgeschosswohnung klebt: »Ich lass mich nicht vertreiben!!!« Auch das Treppenhaus hat seine eigene Optik: Im Eingangsbereich sind die Wände mit Beschwerdeschreiben, Briefen des Vermieters und Zeitungsartikeln tapeziert. Einzelne Sätze sind mit Textmarker hervorgehoben und mit zittriger Handschrift kommentiert: »Das wüsste ich aber!«, »Betrug«, »Nicht mit mir!« und so weiter. Elke Schneider erwartet mich vor ihrer Wohnungstür. Ohne Gruß zetert sie los: »Schauen Sie sich das an! Und dafür bezahle ich so viel Geld!« Die kleine, knapp 70-jährige Frau in einer Kittelschürze zieht eine Plastiktüte hervor, öffnet sie weit und hält sie mir vor die Brust, gefüllt mit Staub, Haaren, Obstresten und anderen Objekten ihres Restmülls. In ihrer Wohnung erklärt sie ihre Empörung: Bei so wenig Müll muss sie so viel für die Müllabfuhr bezahlen. Das sieht sie nicht ein. Ohne meine Antwort abzuwarten, wechselt sie das Thema. Ich soll ihren Heizkörper im Wohnzimmer anfassen: »Der wird nie richtig warm! Der muss ausgewechselt werden. Das ist alles Schrott hier. Und dafür die hohe Miete!« Und auch ihr Badezimmer müsse renoviert werden. Für diese Miete könne sie mehr erwarten. Ich komme kaum zu Wort: »Seien Sie mal schön ruhig!«

Frau Schneider redet ohne Unterlass mit heller, lauter Stimme. Ich kann ihr kaum folgen. Eines wird aber klar: Es ist das Geld, das ihr Kummer bereitet. Sie erzählt, wie günstig ihre Wohnung in ihrer alten Heimat Chemnitz war: »Das waren 60 Mark. Und ganz was anderes als diese Rumpelkammer hier.« Und auch die Nachbarschaft war anders: »Wir hielten alle zusammen.« Vor einigen Jahren zog sie nach Celle, um hier ihrer Tochter nahe zu sein. Ein Schritt, den sie bitter bereut: »Außer meiner Tochter habe ich doch niemanden im Westen.« Mit den Nachbarn hat sie es nach ihrem Einzug zunächst im Guten versucht. Den Kindern steckte sie Bonbons zu und sah sich als den guten Geist des Hauses, der auf alles einen achtsamen Blick hat. Aber ihre Nachbarn wollen keinen guten Geist.

---

gen Verwahrlosung zu gewinnen. Damit tun sich Gerichte sinnvollerweise nicht leicht. Kommt es doch zur Räumung, so gelingt es verwahrlosten Menschen oder Horter nur selten, ihr Eigentum beiseitezuschaffen. Ist es wertlos, so landet es auf der Müllkippe.

Ingo Bertram ärgert sich, wenn er auf die Nachbarin zu sprechen kommt. Frau Schneider klingelt regelmäßig und hält ihm Gegenstände unter die Nase, die seine Familie aus Versehen in den Restmüll geworfen hat. Wenn seine Kinder aus der Schule nach Hause kommen, werden sie gelegentlich von Frau Schneider abgefangen und bezichtigt, durchs Treppenhaus zu trampeln: »So langsam geht uns das allen hier auf den Wecker.« Ulrich Dorn findet Teile seines Restmülls im Briefkasten. Neulich war es ein alter, zerschnittener Joghurtbecher. Natürlich sollte man seinen Müll ordentlich sortieren, dass Frau Schneider den Müll durchwühlt, das geht ihm aber zu weit. Man könne ja »ruhig mal ein Wort wechseln«, aber ansonsten möchten die Nachbarn nichts mit ihr zu tun haben.

Zwei Wochen später treffen sich Herr Bertram, Frau Schneider und Herr Dorn im Verwaltungsgebäude des Vermieters. Eine nervöse Spannung liegt in der Luft. Es fällt den Mietern leichter, über Frau Schneider zu reden als mit ihr. Sie berichten mit vorsichtigen Worten, was sie stört. Ich notiere ihre Wünsche: »Ruhe«, »freundliches Grüßen«, »in Ruhe gelassen werden«, »ruhig mal ein Wort wechseln«. Herr Bertram möchte, dass Frau Schneider »einen Gang runterschaltet.« Der Ton ist ruhig. Frau Schneider ruft dazwischen: »Ich bin doch kein Ungeheuer!« Sie erklärt: Falsch sortierter Müll und offene Treppenhausfenster treiben die Nebenkosten nach oben. Das Gespräch schwappt hin und her. Schließlich kann sie ihre Enttäuschung nicht mehr zurückhalten: »Dann will ich mit euch jetzt auch nichts mehr zu tun haben!« Mit Tränen in den Augen steht sie auf und geht.

Nach weiteren Gesprächen willigt Frau Schneider schließlich ein, dass sich nun ihre Tochter um die Finanzen kümmert. So muss sie nicht mehr fürchten zu verarmen. Sie hat die Zettel aus dem Treppenhaus und von ihren Fenstern entfernt. Im Haus kehrt Ruhe ein. Die Mieter trennen nun akkurat den Müll, um den Streit nicht neu anzufachen.

Zwei Jahre vergehen, bis Herr Bertram anruft: Bei aller Geduld, nun müsse etwas passieren. Bis zu fünfmal am Tag und in der Nacht klingelt es an seiner Tür und auch die anderen Nachbarn werden aufgeschreckt, wenn wieder der Rettungsdienst vor der Tür steht. Die Helfer versuchen, irgendwie ins Haus zu kommen. Mittlerweile wissen viele Sanitäter bereits, dass ein Wohnungsschlüssel unter der Matte von Frau Schneider liegt. Aber die Haustür klappt immer wieder zu und sie müssen klingeln. Frau Schneider können sie nicht wirklich helfen. Ihr Emphysem ist im Endstadium. Die Lungenbläschen sind erweitert oder zerstört. Ihr fehlt Sauerstoff. Erst war es nur Atemnot, nun quält Frau Schneider die Angst zu ersticken. Sie liegt in ihrem Pflegebett, der Pflegedienst besucht sie mehrmals am Tag. Zeitschriften, die ihre Tochter brachte, liegen auf einem Hocker neben dem Bett. Sprechen fällt ihr schwer, sie weiß, dass sie an dieser Krankheit sterben wird. Schlaff hält sie die Maske ihres Beatmungsgeräts in der Hand. Nur wenn sie keine Luft bekommt, spannt sich ihr Körper an und sie schreit um Hilfe. Weil niemand kommt, holt sie den Rettungsdienst.

Als die Krankheit anfing, eilten die Nachbarn noch herbei und riefen den Krankenwagen. Irgendwann blieb dieses Gefühl aus, dass da jemand in Not ist. Nun fordern sie Ruhe. Gerade die berufstätigen Bewohner nervt es, tags wie nachts die Sanitäter ins Haus zu lassen, wenn sie Sturm klingeln. Herr Bertram läuft wieder rot an: »Bei allem Verständnis: Wir haben hier überhaupt kein Familienleben mehr. Immer macht uns Frau Schneider einen Strich durch die Rechnung.« Herr Dorn möchte wissen: »Kann Frau Schneider nicht irgendwo hingebracht werden? Das ist für sie doch auch besser!« Ein paar Wochen später ist es so weit: Frau Schneider kommt in eine Pflegeeinrichtung, wo sie kurz darauf stirbt.

Neue Nachbarn tragen nicht nur ihre Möbel ins Haus, sondern bringen auch ihre Macken mit. Frau Schneider war das Preisgefüge in einer westdeutschen Großstadt nicht geläufig. Und sie beherrschte nicht die Regeln distanzierter Höflichkeit. Ihre ungelenken Kontaktversuche liefen bei den Nachbarn ins Leere, die auf Abstand bleiben wollten. Herr Dorn und Herr Bertram mochten ihren Schritt nicht verlangsamen, wenn sie Nachbarn im Treppenhaus begegnen. Sie grüßten freundlich, vielleicht plauderten sie kurz und belanglos und entschwanden dann in die Unsichtbarkeit nachbarschaftlicher Anonymität. In diese Kultur der höflichen Gleichgültigkeit passte Frau Schneider nicht. Aufmerksamkeit erlangte sie nur als Störenfried. Sie suchte Kontakt durch Krawall. Wenn sie sich an ihren Nachbarn rieb, bekam sie zumindest negative Anerkennung.

Menschen sterben in ihren Wohnungen. Dieses Sterben vollzieht sich keineswegs immer leise, würdevoll und unter Wahrung der Hausordnung. Elke Schneider störte mit ihrem Sterben die Nachbarn. Toleranz fällt bei Menschen leicht, die man mag. Frau Schneider hingegen war den Nachbarn lästig. Seitdem sie dieses Haus bewohnte, zwang sie die Nachbarn zur Nachsicht. Aber: »Dulden heißt beleidigen« (Johann Wolfgang von Goethe). Sollte man überhaupt in ein Mehrparteienhaus ziehen, wenn man nicht bereit ist, mit schrulligen oder sterbenden Menschen unter einem Dach zu leben?

Resümee

Im Umgang mit Jörg Schiltz und Elke Schneider wird eine »Ideologie der Devianz« (vgl. Jervis, 1980, S. 75) sichtbar: Beide Personen werden mit ihrem Verhalten identifiziert, als wären sie mit sich selbst »im Reinen«. Anstatt das störende Verhalten als Hinweis zu werten, dass da ein Mensch leidet, »betrachtet man es, als sei es in allem und *vor allem* abweichend. Die ›Devianz‹ wird ihm als sein natürliches individuelles ›Wesen‹ zugeschrieben: folglich werden alle seine Handlungen als unvermeidlich mit Devianz durchtränkte Handlungen betrachtet« (ebd.).

Diese Betrachtung devianten Verhaltens verschleiert auch, dass es eine Frage der *Konvention* ist, wie voll jemand seine Wohnung stellt oder wie oft jemand den Nachbarn Hilfe abnötigt. Repressiv ist diese Ideologie der Devianz, weil sie die Person, die abweichendes Verhalten zeigt, als jemanden brandmarkt, der *im Wesen* abweichend ist, um ihn so leichter aus der Gemeinschaft der Normalen ausschließen zu können – was in unserem Fall bedeutet: vom Vermieter die Beseitigung des Nachbarn zu fordern. Diese Repression erfüllt einen Nutzen:

> »Den (armen) Dieben, (armen) Prostituierten, (armen) Geisteskranken, (armen) Exhibitionisten, (schmutzigen) Landstreichern, (armen) Alkoholikern, mittellosen Asozialen, Sonderlingen, Bettlern und Spinnern überträgt die kapitalistische Gesellschaftsordnung heute die Funktion, ständig eine Reihe zu vermeidender Schicksale, für alle evidenter negativer Bilder darzustellen. [...] Auf der Grundlage dieser Bilder, dieser Stereotype konstruieren und bestätigen sich die meisten guten Staatsbürger die schwierigen Verhaltensmuster, in denen sie sich glücklich und ruhig als normal wiedererkennen« (ebd., S. 76f.).

Echte Kerle: Männer als Nachbarn

Wenn Nachbarn sich über den Weg laufen, dann agieren sie zumeist in konventionellen Rollen. Diese Rollen basieren auf Werten wie distanzierter Höflichkeit, Diskretion und freundlichem Desinteresse. Was sich hinter dieser Fassade verbirgt, soll unbestimmt bleiben, um der Verstrickung zu entgehen. Kommt es zu körperlicher Gewalt zwischen Nachbarn, dann offenbaren sich die Kräfte dahinter. Der Rückzug in die unverbindliche Anonymität des belanglosen Nebeneinanders ist dann verstellt.

Eine schöne Frau

Im Jahr 2018 sind 14 % der deutschen Bevölkerung durch Wohnkosten überbelastet. Laut Statistischem Bundesamt ist ein Haushalt dann überlastet, wenn die Wohnkosten 40 % des verfügbaren Nettoeinkommens (abzüglich Wohnungsbeihilfen) übersteigen.[50] Eine Person, die ihre Bedürfnisse und Zahlungsverpflichtungen nicht mehr aus Einkommen und Vermögen bestreiten kann, ist überschuldet. Die Hauptursachen für eine Überschuldung sind: Arbeitslosigkeit mit 20 %, Krankheit, Sucht oder der Unfall eines Familienangehörigen mit 18 %, Tod, Trennung oder Scheidung mit 12 % und eine »unwirtschaftliche Haushaltsführung« mit 14 % (Statista, o. J.).

Bei Ewwa Pietrzak kommen einige dieser Punkte zusammen. Ich besuche sie unangekündigt, weil ich bereits mehrfach erfolglos versuchte, sie telefonisch zu erreichen. Nun habe ich Glück: Ich stehe vor der Haustür, als eine große, schlanke Frau in einem schicken Tennisdress und mit

50 Eine illusorische Grenzziehung: Bei geringem Einkommen lässt das zu wenig für den Lebensunterhalt übrig.

einer Sporttasche in der Hand mir mit einem Lächeln anbietet, mich in das Wohnhaus zu lassen. Wie sich herausstellt, möchte ich zu ihr. Ich sage, dass ich vom Vermieter komme: »Kein Problem.« Wieder lächelt sie und bittet mich herein. Ihre Wohnung ist hell, freundlich und hochwertig eingerichtet. Sie bittet mich in die Küche und wirft ihren Kaffeeautomaten an: »Mit Milch?« Ich spüre, dass mich ihre souveräne Weiblichkeit beeindruckt und es mir erschwert, zum Thema zu kommen: »Frau Pietrzak, ich bin hier wegen Ihrer Mietschulden. Sie schulden Ihrem Vermieter zwei Monatsmieten und haben vor zwei Wochen die fristlose Kündigung erhalten. Ich bin hier, um mit Ihnen eine Lösung zu finden.« Ich halte ein wenig den Atem an, da ich fürchte, die Ästhetik ihres selbstsicheren Auftritts beschädigt zu haben. Aber da täusche ich mich: »Alles kein Problem. Mein Mann regelt das.« Tatsächlich lebt sie seit mehreren Monaten mit ihrem Partner in der Wohnung – ein Umstand, den sie versäumt hat, dem Vermieter mitzuteilen. Aber sie hat recht: Das ist natürlich kein Problem und so rechnen wir ein wenig hin und her, um auf einen Ratenzahlungsbetrag zu kommen, der es ihr ermöglicht, die Schulden abzuzahlen, ohne in Not zu geraten. Da sie noch zwei Konsumkredite hat – Wohnungseinrichtung und Auto –, biete ich ihr an, ihre finanzielle Situation gemeinsam mit ihrem Partner zu beleuchten. Das lehnt sie ab: »Ich schaffe das schon.« Auch könne ich es mir sparen, ihr Kontaktdaten von Schuldnerberatungsstellen zu hinterlassen – wieder mit einem Lächeln. Dabei räumt sie schon einmal die Kaffeetassen zusammen als Zeichen meines Aufbruchs. Das Abzahlen der Schulden schleppt sich in der Folgezeit allerdings zäh dahin. Zum Glück habe ich nun ihre Mobiltelefonnummer. Wenn sie ohne Rücksprache mit der Wohnungsverwaltung eine Rate auslässt oder kürzt, dann hat sie lapidare Ausreden.

Nach mehreren Monaten meldet sich Georg Heldt, ein Nachbar: Er verlangt, dass der Vermieter nun unverzüglich gegen Ewwa Pietrzak und auf jeden Fall gegen Krystian Ostrowski, ihren Partner, vorgeht. Seit Monaten feiere das Paar am Wochenende in ihrer Wohnung – Musik und Gegröle bis weit nach Mitternacht. Nun habe er es »nicht mehr ausgehalten« und sei nach oben gegangen, habe geklingelt und geklopft: Nachdem Herr Ostrowski die Tür öffnet, kommt es zu einem Wortgefecht. Im Glauben, es sei »alles geklärt«, geht Herr Heldt. Auf der Treppe trifft ihn ein Schlag im Rücken. Er fliegt die Treppe herunter. Im Krankenhaus werden Prellungen und der Bruch einer Rippe diagnostiziert. Er fordert den Auszug der Nachbarn: »Die oder ich!« Herr Heldt hinterlässt auf meinem Bürotisch mehrere Schreiben: die Anzeige bei der Polizei, die Diagnose seiner Verletzungen, Beschwerdeschreiben der Nachbarn gegen Frau Pietrzak und Herrn Ostrowski und ein Schreiben seines Rechtsanwalts.

Frau Pietrzak ist zerknirscht: der Alkohol, die aufgeheizte Stimmung, das wilde Bollern des Nachbarn gegen die Wohnungstür. Ich verlange, nun auch mit Herrn Ostrowski zu sprechen. »Nein, das ist völlig unmöglich«, antwortet sie. Schon aus beruflichen Gründen sei er nicht greifbar. Außerdem überdenke sie die Beziehung und hoffe auf meine Unterstützung, in der Wohnung bleiben zu dürfen. Mit gesenktem Kopf lächelt sie mich an. Ich lege das Kündigungsschreiben auf ihren Küchentisch. Kurz darauf zieht Frau Pietrzak aus. Die Nachbarn atmen durch. Herr Heldt bilanziert die letzten Monate so: »Wir feiern ja alle mal. Das war nicht so schlimm. Aber vor dem Ostrowski hatten wir Angst.«

Da ich für mehrere Wohnungsunternehmen arbeitete, begegnete ich Mieterinnen und Mietern nach ihrem Auszug gelegentlich bei einem anderen Vermieter erneut. Dann offenbart die zweite Begegnung gelegentlich, wie oberflächlich und eng der erste Blick war. Frau Pietrzak zog mit ihrer kleinen Tochter und Herrn Ostrowski in eine Vorstadt Hannovers. Wieder sind Mietschulden aufgelaufen – drei Monatsmieten. Diesmal öffnet Herr Ostrowski die Tür, wortlos bittet er mich mit einer Armbewegung in die Wohnung. Groß und breitschultrig lehnt er am Kühlschrank: »Was wollen Sie?« Er fixiert mich mit kühlem Blick – kein Kaffee, kein Lächeln. Ich sage meinen Spruch auf. Als ich zu dem Teil komme, in dem ich ihm Unterstützung bei der Schuldenregulierung anbiete, wird mir instinktiv klar, dass ich gerade einen Fehler mache. Herr Ostrowski spricht nicht. Abrupt öffnet er den Kühlschrank, holt eine Wassermelone heraus und platziert diese vor mir auf dem Küchentisch. Wie in der Vorführung eines Zauberers greift er hinter sich in eine Schublade. Er zieht ein großes Messer heraus, holt langsam mit weitem Schwung aus und zerhackt die Melone vor mir auf dem Tisch. Die beiden Hälften rollen kraftlos auseinander. Nun blickt er mich wieder an: »Was willst du?« Ich gehe.

Eine Woche vergeht. Das Wohnungsunternehmen bereitet die Räumungsklage vor – wegen Mietschulden. Frau Pietrzak ruft mich an: Ob ich bitte schnell zu ihr kommen könne: »Ich brauche Hilfe.« Sie steht im Treppenhaus, als ich komme, schaut sie unruhig die Treppe zu mir herunter. Sie will sehen, wer da kommt. Ihr Gesicht erzählt die ganze Geschichte: Die linke Hälfte ist blau, gelb und grün, das linke Auge ist zugeschwollen. Hinter mir verschließt sie die Tür und lässt den Schlüssel stecken. Die

Wohnung ist ein Schlachtfeld. Herr Ostrowski ist seit zwei Tagen weg, das Konto ist leer, sie weint, hat Angst um ihre Tochter. Sie bittet mich neben sich auf das Sofa – ich setze mich auf den Sessel. Frau Pietrzak erzählt von der Gewalt und der Angst, die sie die letzten Jahre erlitten hat. Ich stelle Kontakt zu einer Beratungsstelle für Opfer männlicher Gewalt her. Ich will hier raus. Mehrere Tage später rufe ich sie an, um eine Ratenzahlung zu vereinbaren. Sie sagt: »Mein Mann ist zurück. Er regelt das.«

Männer und Musik

Ludger Petermann lebt mit seiner Frau und seinem kleinen Sohn in einer Dreizimmerwohnung in Braunschweig. Vor einigen Monaten kam sein Sohn in einer dramatischen Geburt zur Welt – ein Hirnschaden ist möglich. Nach Wochen in der Kinderklinik konnte er sein Kind endlich nach Hause holen und kümmert sich um seine Versorgung. Seine Ehefrau fällt für die Pflege des Sohnes fast völlig aus, zu schwer bedrückt sie die Sorge um sein Überleben. Außerdem leidet sie seit Jahren unter schweren Bandscheibenvorfällen, die sie seit der Schwangerschaft nun noch besonders plagen. Herr Petermann kämpft für seine Familie – und seit Monaten auch gegen die Nachbarn in der Wohnung über ihm: Familie Malinowski. Oft ist er nach oben gerannt, wenn das Schlagzeugspiel wieder losging und hat »Ruhe« geschrien. Eine Ruhe, die sein schwerkranker Sohn und seine anfällige Frau dringend benötigen. Herrn Malinowski hat das beeindruckt und er hat sein Schlagzeugspiel eingeschränkt. Nur der 17-jährige Sohn von Herrn Malinowski spielt da nicht mit: Als Herr Petermann einmal schwergewichtig, schnaubend und schreiend vor der Wohnungstür stand, kam es zu Handgreiflichkeiten.

Fjodor Malinowski tut das alles sehr leid. Guter Kontakt zu den Nachbarn ist ihm sehr wichtig: Er habe eine »ordentliche Familie«. Ich solle mit allen Nachbarn sprechen, Streit habe es nie gegeben. Bildung und Höflichkeit sind für ihn sehr wichtig, die Bücherregale im Wohnzimmer sind gut gefüllt, deutsche und russische Hochliteratur. Vertrackt ist der Konflikt allerdings durch seine Berufstätigkeit als Schlagzeuger: Ohne zu üben, geht es nicht.

Ludger Petermann verkörpert ein spezifisches Männlichkeitsbild: Motorradfahrer, Bart, kräftiger Händedruck mit langem Blick in die Augen – ein Kerl, der alles dafür tut, dass seine Familie diese schwere Zeit bewältigt.

Herr Malinowski hat einen anderen Fokus: Mit Mitte 50 wirkt er gedrungen, spricht leise und baut weniger auf seine Durchsetzungskraft als auf Verständnis. Ihm ist das Bild wichtig, dass seine Familie nach außen hin abgibt. Seinen Sohn Andrej empört diese Haltung. Er wünscht sich einen kämpferischen Vater und übernimmt diese Rolle als Verteidiger der Familie nach außen.

Wenige Tage nach dem Erstkontakt erscheinen beide Väter zu einem gemeinsamen Gespräch in meinem Büro. Die Atmosphäre ist angespannt. Beide sitzen sich schweigend gegenüber und mauern. Ich schildere den Stand der Dinge und erwähne, dass beide Männer sich eigentlich ein friedliches Leben mit den Nachbarn wünschen. Zunächst erläutert Herr Petermann, wie angenehm das Zusammenleben vor dem Streit war. Herr Malinowski unterstreicht dies und bedauert die Eskalation. Das Gespräch schwappt auf diese Weise hin und her, ohne dass beide Männer auf den Kern zu sprechen kommen. Sie reden um den heißen Brei herum, wohl um sich aufzuwärmen. Dann knallt es endlich, als Herr Petermann sagt: »Nur was sie sich jetzt leisten, das geht gar nicht!« Herr Malinowski bestreitet das und Herr Petermann fällt ihm ins Wort: »Das ist Körperverletzung!«

Nachdem das Wortgefecht etwas abflaut, kommen wir auf die Interessen beider Seiten zu sprechen. Nun hören die Männer einander zu und öffnen ihren Blick allmählich für die Perspektive des anderen: »Oh, furchtbar«, sagt Herr Malinowski, als Herr Petermann beschreibt, wie der Alltag seiner Familie durch die Krankheiten beeinträchtigt ist. Dann schaut Herr Petermann ihn an, nickt kurz und beide schweigen einen Augenblick. Dass Herr Malinowski Berufsmusiker ist, verdutzt Herrn Petermann: »Musik als Beruf. Finde ich Klasse.« Beide Männer werden sich sympathisch, indem sie ihre Gegnerschaft außen vor lassen. Die Vorgeschichte wird einfach suspendiert. Herr Petermann und Herr Malinowski begegnen sich hier jenseits ihrer widerläufigen Perspektiven und Interessen. Herr Malinowski bietet einen Kompromiss an: Wenn er übt, nutzt er zukünftig ab Mittag ein elektronisches Schlagzeug. Damit ist Herr Petermann zufrieden, mit den verbleibenden Geräuschen kann er sich arrangieren. Beiden Männern ist der Ärger unangenehm und sie sind froh, mit einer Lösung zu gehen.

Dieser Konflikt offenbart eine grundlegende Anforderung an Nachbarschaft: widerstreitende Interessen mit Personen zu koordinieren, zu denen es keine soziale Nähe gibt. Diese zivilisatorische Kompetenz hat zur Bedingung, dass Lebensansprüche fremder Menschen als gleichwertig zu den eigenen anerkannt werden. Aushandeln lassen sich kollidierende Interessen dann, wenn der Mitmensch auf einem Akzeptanzniveau wahrgenommen wird, auf dem sein Interesse als für ihn wertvoll geachtet wird, auch wenn es für den Konfliktgegner unbedeutend ist. Erkennen die Konfliktparteien dies an, dann öffnen sich Chancen für einen fruchtbaren Dialog. Die psychologische Bedingung für einen solchen Dialog ist die Fähigkeit zur *Perspektivübernahme*, also die sowohl emotional als auch kognitiv anspruchsvolle Fähigkeit, die Situation aus einer anderen als der eigenen Perspektive betrachten zu können. Basis dieser Kompetenz ist die Wahrnehmung des anderen als einen Menschen, der ebenso legitime Ansprüche hat wie man selbst. Zu dieser Leistung sind sowohl Herr Petermann als auch Herr Malinowski bereit.

Für Andrej Malinowski hingegen scheint der Kampf noch nicht zu Ende zu sein. Er führt ihn vermutlich als Partisan weiter: Herr Petermann bemerkt in den folgenden Wochen immer wieder, dass sein Motorrad in einer Urinpfütze steht.

Resümee

Ewwa Pietrzak und Krystian Ostrowski leben über ihre Verhältnisse. Ihnen droht der Wohnungsverlust. Damit wäre der Wohlstand des Paares als Schein entlarvt. Beide haben ihre jeweilige Strategie, mit mir umzugehen – dem Verkünder der schlechten Nachricht. Frau Pietrzak spürt, dass ich sie attraktiv finde. Herr Ostrowski beeindruckt mich mit seiner Drohung. So wird in beiden Gesprächen das Körperliche zu einem Faktor, der das Einbrechen der Realität – nämlich dem drohenden Wohnungsverlust – in die Illusion ihres Wohlstandstheaters zu verhindern verspricht. Mein Erscheinen verkörpert das Zerbrechen dieser Illusion, und die Gefahr scheint abgewendet, wenn ich die Wohnung wieder verlasse. Auch im Streit mit dem Nachbarn zeigt sich: Wenn Herr Ostrowski seine Gebietsansprüche bedroht sieht, zieht er in den Kampf. Nachdem das Paar die Wohnung gewechselt hat, kehre ich als unerwünschter Gast zurück. Das muss für Herrn Ostrowski eine Provokation gewesen sein. Die Gewalt gegen Frau Pietrzak verstehe ich auch als Warnung: Halte dich da raus!

Auch Ludger Petermann und Fjodor Malinowski haben schwerwiegende Probleme: Herrn Malinowski gelingt es nicht, der Ernährer seiner Familie zu sein. Die wenigen Auftritte finanzieren nicht das Existenzminimum der Familie. Und auch den Respekt seines Sohnes droht er zu verlieren. Es fehlt ihm die Durchsetzungskraft. Herr Petermann kann den Krankheiten von Frau und Kind keinen Einhalt gebieten. An dieser Hilflosigkeit verzweifelt er. Der Streit zwischen den Männern speist sich aus dieser Ohnmacht – verspricht ein Sieg gegen den Nachbarn doch ein Gefühl von Selbstwirksamkeit.

In beiden Konflikten geht es um Männer in der Krise. Genauer formuliert: um Männer, die mit ihrer Idee von Männlichkeit scheitern. Sie kranken an ihrer traditionellen Rolle als »Familienoberhaupt« und »Problemlöser«, weil sie die Situation nicht unter Kontrolle haben. Allerdings gelingt es Herrn Petermann und Herrn Malinowski, ins Gespräch zurückzukehren, den Hintergrund ihrer jeweiligen Probleme kennenzulernen und über das Verstehen auch Verständnis zu entwickeln. Beiden ist es aber auch möglich, einen Vermittler zu akzeptieren, also eine Figur, die eine friedliche Lösung symbolisiert. Im Kontakt mit Herrn Ostrowski ist es mir hingegen nicht gelungen, ihm diese Perspektive schmackhaft zu machen. Vermutlich wusste Herr Ostrowski, dass er keine Chance hat.

Grenzen der Vermittlung

Als ich mit der Arbeit als Konfliktberater begann, hatte ich die Vorstellung, ich wäre ein neutraler (besser: allparteilicher) Makler der Interessen und Bedürfnisse beider Seiten. Ich stünde neben oder sogar über den Untiefen des Konfliktgeschehens. Ich ließe mich nicht zu einem Beteiligten des Konflikts machen. Durch meine eigenen Fehler ist das oft missglückt.

Diego Maradona

Ein schöner Freitagnachmittag im Sommer. Ich bekomme einen Telefonanruf, entrüstete Stimmen sprechen durcheinander. Mir wird klar: Ein Mieter beschallt eine Wohnanlage, indem er seine Musikboxen auf die Bänke seiner geöffneten Fenster stellt und voll aufdreht. Sogar am Telefon sind im Hintergrund die Bässe zu hören. Ist es die Aufgabe eines Konfliktberaters, in das laufende Konfliktgeschehen einzugreifen? Darüber mache ich mir keine Gedanken und fahre hin.

Ich stehe vor der Wohnungstür von Axel Pinzler und klingle. Er reißt die Tür auf und redet sofort los: »Na, auf dich habe ich gewartet. Dann komm mal rein!« Sollte man durch jede Tür gehen, die geöffnet wird? Auch darüber mache ich mir keine Gedanken. Im Wohnzimmer von Herrn Pinzler sehe ich die Lautsprecher von hinten auf den Fensterbänken stehen, *Smoke on the water* dröhnt. Ich habe vor, mit dem Mieter ins Gespräch zu kommen, und setze dazu an, mich vorzustellen und zu sagen, worum es mir geht. Dieser Plan ist an die Voraussetzung geknüpft, dass auch meinem Gegenüber irgendetwas an einem Gespräch liegt. Das ist hier nicht der Fall: Herr Pinzler interessiert sich nicht dafür, wer ich bin und was ich will. Ich habe gerade meinen Namen gesagt, da drückt er mich mit seiner flachen Hand in einen Sessel, der hinter mir steht: »So, Robert bist du. Du kommst hier nicht mehr raus. Ich mach dir den Strick.« Ich versuche sofort, auf die Beine zu kommen, aber Herr Pinzler drückt mich wieder in den Sessel.

Ich spüre dreierlei. Zuerst einen Schock: Ich breche ein. Was ich für sicher hielt, ist weg. Der Atem stockt, der Körper streckt sich durch, die Beine kribbeln. Dann Panik: Der Atem wird flach und schnell, die Füße suchen den Boden und wollen loslaufen. Aber ich komme nicht hoch. Dann mein erster klarer Gedanke: »Stopp. Denk nach. Überleg dir was.« Herr Pinzler starrt mich an. Dann dreht er sich auf einmal um, angelt sich mit dem rechten Fuß einen Ball und lässt ihn auf seinem Fuß tänzeln: »Ich bin Diego Maradona.« Mit kurzen, grellen Sätzen haut er die Geschichte eines gescheiterten Fußballprofis raus, den nur Intrigen und Verrat davon abhielten, ganz nach oben zu kommen.

Die Beschallung des Stadtteils, sein Kommando an der Tür, der angespannte, bullige Körper: Dieser Mann ist auf Kampf programmiert – und ich stolpere hier hinein. Wie kann ich so dumm sein? Ich ringe danach, auf die Höhe der Situation zu kommen, hechle nach Luft und suche meine Rolle: »Und spielen Sie noch Fußball?« Ich versuche, im Gespräch zu bleiben. Die These: Solange er mit mir redet, greift er mich nicht an. Dahinter versuche ich mich zu beruhigen, reguliere den Atem, erhalte die Kontrolle über meinen Körper zurück.

Mir sticht seine Schallplattensammlung ins Auge. Ganz vorn: AC/DC, *Back in Black*. »Klasse Platte. Wollen Sie die mal auflegen?« Herr Pinzler reagiert nicht und fabuliert weiter über Fußball und die Leute, die ihm Steine in den Weg legten: »Die mache ich fertig. Die kennen mich nicht.« Ich versuche es weiter mit Fragen: »Kann ich ein Glas Wasser haben?« Er beugt sich über mich: »Halt die Klappe, du Schwein.« Er greift ein dünnes Seil, das auf dem Tisch liegt, wickelt es sich um seine Fäuste und strafft es zur Probe immer wieder mit einem surrenden Ton: »Dir mach ich den Strick.« Wie viel Zeit vergangen ist, seit ich diese Wohnung betrat? 20 Minuten? Ich weiß es nicht. Wie die Wohnung aussah? Ich weiß es nicht.

Nach mehreren Wiederholungen der Todesdrohung spüre ich etwas Neues: Mein Bauch und meine Schultern spannen sich an und pumpen Kraft in einen Tank, den ich schon lange vergessen habe. Ich beginne, den Kampf zu erwarten – ja, ihn zu wollen, und male mir aus, wie ich ihn besiege: »Komm nur her!« Äußerlich versuche ich weiter, mit Herrn Pinzler im Gespräch zu bleiben. Unter der Oberfläche kämpfen Panik und Wut miteinander.

Herr Pinzler erzählt weitere Geschichten. Dabei schweift sein Blick umher, er spricht kaum mehr zu mir als zu sich selbst oder einer Zuhörerschaft, die mehr mit seinen Niederlagen zu tun hat. Irgendwie schwindet ihm der Elan. Weiter vor sich hinredend, verlässt er den Raum. Ich höre in der Küche den Wasserhahn. Ich überlege: Hat er die Wohnungstür von innen abgeschlossen? Ich weiß es nicht, springe auf, renne durch den Flur. Herr Pinzler eilt herbei, greift nach mir, erwischt mich an der linken Schulter. Ich schlage ihn mit dem linken Ellbogen in die Seite, reiße die unverschlossene Tür auf und renne aus dem Haus.

Die Polizei nimmt die Anzeige auf. Ich fahre nach Hause. Niemand ist da. Ich vermeide es zu denken. Ich ziehe mir Sportsachen an und renne so lange durch den Park, bis ich erschöpft genug bin, um nicht zu verzweifeln. – Es liegen noch diverse weitere Anzeigen wegen Körperverletzung gegen Axel Pinzler vor. Zu einem Prozess kommt es nicht. Herr Pinzler, das erzählt mir ein Kontaktbeamter der Polizei, wurde mit polizeilicher Gewalt in einem psychiatrischen Krankenhaus geschlossen untergebracht. Ich freue mich, als ich höre, dass seine Wohnung geräumt wurde. *Smoke on the water* höre ich nicht mehr.

An meinem Verhalten können erfahrene Konfliktberater genüsslich viele Fehler erkennen. Ich versäumte jegliche professionelle Auftragsklärung: Denn eine Vermittlung ist nur möglich, wenn die Parteien enthoben vom Druck der Ereignisse einem Verfahren zustimmen, das eine Alternative zur Eskalation ist. Meine Intervention war hingegen eine Fortsetzung der Eskalation unter dem Deckmantel der Klärung. So wurde ich zur Partei. Zweitens habe ich mich besinnungslos in eine gefährliche Situation begeben: Ich verließ meine Rolle als Vermittler und übernahm polizeiliche Aufgaben. Ich klärte weder vor dem Betreten des Wohnhauses, was ich hier erreichen kann und will, noch erkannte ich vor der Wohnungstür die Signale der Bedrohung, die von Herrn Pinzler ausgingen. Ich möchte hier nicht über die zugrundeliegende psychiatrische Erkrankung von Herrn Pinzler spekulieren. Klar war aber, dass zu diesem Zeitpunkt ein Gespräch mit ihm völlig unmöglich war.

Ich habe an diesem Ereignis viel gelernt: Handle nie unter dem Druck der Situation. Kläre deine Rolle. Achte auf Gefahren. Wichtiger ist aber noch diese Erfahrung: Axel Pinzler brachte mich dazu, darüber nachzudenken, wie ich ihn töten könnte.

Reizgas

Es dauert eine ganze Zeit, bis Nesrin Farrochzad mir die Wohnungstür öffnet. Erst einen Spalt, bevor sie mich dann mit einem Lächeln in ihre

Wohnung lässt. Frau Farrochzad ist eine zarte, etwa 50-jährige Frau mit drahtigen, schwarzen Haaren, die sie zu einem Dutt gebändigt hat. Das Sofa in ihrem Wohnzimmer strahlt in einem kräftigen Gelb. Sie hat bereits Kaffee gekocht und schenkt mir eine Tasse ein. Das Gespräch beginnt mit einer Erklärung, wie zufrieden und dankbar sie für die schöne Wohnung ist – sie ist »das Wichtigste«. Da sie nicht so recht zum Thema findet, helfe ich ihr: »Nun aber gibt es Probleme mit Herrn Waldmann?« Das hätte ich mir sparen können, denn Frau Farrochzad hat in einem Brief an die Wohnungsverwaltung ausführlich beschrieben, was passiert ist:

> »Zweite Etage rechts über mir wohnt ein älterer Mann, Deutscher. Er hat mich beleidigt: ›Schweine Sau – raus aus Deutschland‹. An meine Wohnungstür hat er mit rotem Stift Beschimpfungen geschrieben. Zwei Wochen später hat er Sekundenkleber in mein Schloss reingemacht. Ich musste den Schlüsseldienst anrufen. Eine Stunde haben die gebraucht, um das Schloss zu reparieren. Das hat mich Nerven und Geld gekostet.«

Frau Farrochzad bemüht sich, sachlich zu bleiben. Sie empört sich nicht über Herrn Waldmann. Sie verlangt nichts Konkretes. Sie beschreibt konzentriert, was passiert ist, als würde sie vor Gericht eine Aussage machen, in der es auf jedes Wort ankommt. Sie beschreibt die Vorfälle, die sich bereits seit mehreren Wochen hinziehen und – das erwähnt sie mehrfach – verhindern, »dass ich noch die Wohnung verlasse.« Später sagt sie: »Nur für das Nötigste gehe ich hinaus.« Frau Farrochzad kann sich nicht erklären, warum Herr Waldmann sie aufs Korn genommen hat. Sie beschreibt, dass sie lange überlegt hat, ob sie ihm einen Anlass gegeben habe, sich über sie zu ärgern. Aber außer einem Gruß habe sie nie ein Wort mit ihm gewechselt und sonst sei da auch nichts gewesen.

Ich lasse keinen Zweifel daran, dass ich ihr glaube und betone, dass es mir leidtut, was sie erlitten hat. Ich sichere ihr zu, dass ich mit der Rechtsanwältin des Vermieters über ein mietrechtliches Vorgehen gegen den Verursacher sprechen werde, und bitte sie, diese und zukünftige Taten des Nachbarn bei der Polizei zur Anzeige zu bringen und mich anzurufen, damit ich sie dem Vermieter übermitteln kann. Frau Farrochzad nickt. Hinterher bin ich mir unsicher, was mit diesem Gespräch gewonnen ist. Wird sie zur Polizei gehen? Lässt sich ihr Verdacht erhärten, dass es dieser Nachbar war, der ihr Türschloss beschädigt hat? Wird die Anwältin des Vermieters ohne rechtskräftige Verurteilung des Nachbarn überhaupt mietrechtlich reagieren können?

Zunächst einmal nehme ich jedoch Kontakt mit Matthias Waldmann auf. Ich versuche, meine innere Parteinahme für Frau Farrochzad zurückzustellen und ihm genauso offen zu begegnen wie seiner Nachbarin. Ich schildere Herrn Waldmann am Telefon, dass Frau Farrochzad Worte von ihm gehört hat, die sie als schwere Beleidigung empfand, und dass an ihrer Wohnungstür Beschädigungen vorgenommen wurden, bei denen sie sich fragt, wer in ihrem Umfeld etwas gegen sie haben könnte. Ich bitte ihn, sich mit mir – und dann auch mit ihr – zusammenzusetzen, um ausführlicher über das nachbarschaftliche Verhältnis zu sprechen. Meine Worte kommen mir, während ich sie ausspreche, schwach und leer vor. Herr Waldmann hingegen ist weder irritiert noch verunsichert. Ganz im Gegenteil: Er wirkt souverän und selbstsicher und bestreitet die Vorfälle rundweg. Er sehe auch keinen Grund, sich mit mir zusammenzusetzen. Das Gespräch ist kurz.

Nesrin Farrochzad meldet sich erneut und beschreibt weitere Angriffe: »Am 11.09. im Briefkasten ein rechtsextremer Prospekt. 12.09., 22.00–23.30 Uhr, haben Herr Waldmann und ein weiblicher Gast mich über eine Stunde beschimpft: ›Ausländer raus – geh zurück in deine Heimat‹ ›Schweine Sau‹, ›Du stinkst‹, ›Schlampe‹, ›Raus aus Deutschland‹ ›Ich mach dich fertig‹.« Dann wird Frau Farrochzad mit Reizgas auf ihrem Balkon besprüht. Sie hat das Gas eingeatmet und klagt über den giftigen Geruch und Atembeschwerden. Auch beschreibt sie die mentalen Folgen des Angriffs: »Samstagnacht habe ich Angst. Habe alle Fenster zugemacht. War im Bett. Habe mich nicht mehr bewegt. Konnte nicht mehr schlafen. Und ich habe gezittert.« Und tatsächlich holt sie sich Unterstützung: Erst geht sie zur Polizei, dann zum Arzt. Nach einem erneuten Vorfall, bei dem Herr Waldmann Reizgas direkt »auf Kopf und Gesicht« sprüht, holt Frau Farrochzad sofort die Polizei, die die Anzeige aufnimmt und auch Herrn Waldmann zur Rede stellt – allerdings ohne erkennbare Folgen. Nun hat sie Todesangst: »Ich habe jetzt Angst, dass er mich umbringt.«

Herr Waldmann spricht Frau Farrochzad das Recht ab, neben ihm zu leben – und überhaupt in Deutschland. Zu klären oder zu erklären gibt es da nichts für ihn. Denn der Rassist will nichts von seinem Opfer, außer dass es sich seinem Willen fügt. Eine unparteiische Rolle kann ich hier nicht einnehmen, denn Neutralität ist keine Option, wenn sie menschenverachtende Positionen zur Verhandlung zuließe. Wo Neutralität nicht möglich ist, braucht es Solidarität. Und dies gilt bei Nesrin Farrochzad umso mehr, da es sich bei ihr um eine Migrantin handelt, die zum Zeitpunkt der Tat kaum Zugang zur Aufnahmegesellschaft gefunden hat. Sie ist allein und für den Täter ein willkommenes Opfer. Eine Sanktion muss er nicht fürchten.

Gefragt sind hier nicht nur Gerichte oder die Polizei. Konflikte wie der hier beschriebene bedürfen verantwortlicher Dritter. In der Nachbarschaft will jedoch niemand etwas von den Übergriffen bemerkt haben. Das stundenlange rassistische Gebrüll von Herrn Waldmann und seiner Mittäterin sowie das schmerzerfüllte Wehklagen von Nesrin Farrochzad wurden nicht gehört oder erhört. Die Nachbarn halten sich heraus. Und auch Vermieter praktizieren zumeist keine Solidarität, wenn bei Auseinandersetzungen zwischen Mietern mietrechtliche Fragen unberührt bleiben. Sie sehen sich dann als nicht zuständig. Ein Geschehen wie zwischen Frau Farrochzad und Herrn Waldmann wird als »private Auseinandersetzung« bewertet und den Mietparteien empfohlen, einen Anwalt oder die Polizei einzuschalten. Gelegentlich wird in Aussicht gestellt, dass der Vermieter mietrechtlich aktiv wird, sobald es vor Gericht zu einer Verurteilung wegen Beleidigung, Körperverletzung oder Ähnlichem gekommen ist. Neben rechtlichen Gründen für dieses Vorgehen kann man nicht verhehlen, dass es auch bequem ist, den Unwägbarkeiten des »Zwischenmenschlichen« aus dem Weg zu gehen. Wer nur verwaltet, erspart sich ein Gewissen. Ungewiss bleibt so aber auch, wie Opfer von Rassismus sich in diesem Land heimisch fühlen sollen.

Im Falle von Matthias Waldmann läuft es anders: Die Rechtsanwältin dieser Wohnungsgenossenschaft bezieht Stellung. Ohne dass die Beleidigungen und Angriffe strafrechtlich ausermittelt wären, spricht sie gegen Herrn Waldmann die fristlose Kündigung aus. Tatsächlich genügt dies. Er zieht aus, nachdem er eine neue Wohnung gefunden hat. Er ist besiegt. Diese Zeit übersteht Nesrin Farrochzad in großer Anspannung. Sie schreibt: »Ich liege jede Nacht wach in meinem Bett. Ich sterbe. Ich gehe zum Arzt. Jeden Tag.«

Resümee

Wenn eine geschädigte Person nicht in der Lage ist, den Schaden und ihre Ansprüche hinreichend zu artikulieren, so ist sie der Mittel beraubt, die ihr zur Anerkennung des erlittenen Leids verhelfen könnten. Dann sind Gerichte und Ermittlungsbehörden

»unzuständig«, der Gerechtigkeit zur Geltung zu verhelfen. Ein Ermittlungsverfahren wird noch nicht einmal eingeleitet.[51] Jean-François Lyotards Konzept des Widerstreits schärft die Wahrnehmung dieser Lücke:

> »Zum Opfer wird, wer einen Schaden erleidet und dabei zugleich der Mittel beraubt wird, diesen zu reklamieren. Dergleichen geschieht gemeinhin nicht durch Abweisung von den Gerichten, sondern durch die Verbindlichkeit eines Idioms, in dem diese Rechtsansprüche nicht formulierbar sind. Der Geschädigte kann sich nicht mehr Gehör verschaffen, und so wird aus dem Schaden ein Unrecht und aus dem Kläger ein Opfer« (Welsch, 1997, S. 237).

Wird es unmöglich, für das eigene Leid Gehör zu finden, gibt es weder einen Ort noch einen Adressaten, der die Tat bezeugt, dann bleibt dem Opfer oft nur der eigene Körper, in den sich der erlittene Schaden »einschreibt«. So auch bei Nesrin Farrochzad, die neben den unmittelbaren Wirkungen des Reizgases ihre »Bauchschmerzen« und irreguläre »Blutungen« beschreibt. Und auch mir selbst wurde nach dem Übergriff von Axel Pinzler klar, wie der eigene Körper zum Archiv für die Gefahr werden kann.

Das Mediationsverfahren, das die Akteure eines Konflikts an einen Tisch einlädt, ist ein Ort, um solche »Sprachblockierungen« (ebd.) aufzuheben. Kränkungen, Verletzungen und Diskriminierungen können dort in einem Raum zur Sprache kommen, der beidseitige Erzählungen über Verletzungen und Kränkungen zulässt. Ebenso ermöglicht das Mediationsverfahren, Erwartungen und Wünsche zu äußern und Vereinbarungen zu treffen – gerade dann, wenn die Akteure zukünftig ihren Kontakt aufrechterhalten (müssen).

Der Vermittler ist der Garant dieses Verfahrens. In unseren Fallbeispielen werden Hindernisse deutlich, die mit dieser Aufgabe verbunden sind. In beiden Konflikten war ich weder willens noch

51 Auch Verwaltungen, so in der Wohnungswirtschaft, bearbeiten in der Regel nur Vorgänge, die verwaltungskompatibel vorgetragen werden. Anderes – zum Beispiel Schimpfen, Weinen, Wehklagen – erlangt nicht den Status eines bearbeitungsfähigen Vorgangs und wird von der Verwaltung »vergessen«.

fähig, allparteilich zu bleiben. Für Frau Farrochzad hatte dies den Nutzen, dass sie ihren Peiniger mit meiner Unterstützung recht schnell loswurde. In einem Mediationsverfahren jedoch hätte sie die Gelegenheit gehabt, die Opferrolle hinter sich zu lassen.

In diesem Fall war es eine überlegte Entscheidung von mir, die eigene Neutralität aufzugeben. Hingegen bin ich gegenüber Axel Pinzler unreflektiert und unvermittelt zum Opponenten geworden. Dies brachte »Verstrickungen« mit sich, die mir noch länger zu schaffen machten. Ich wünschte mir eine Gelegenheit, darüber mit ihm ins Gespräch zu kommen.

Ausblick

Nachbarn sind Mitmenschen, die die Geborgenheit stören können. Nur allzu oft verhindern »böse Nachbarn«, dass der Rückzug in die eigene Wohnung und die Entfaltung der eigenen Persönlichkeit gelingt. Ärger mit Nachbarn offenbart, dass man hier nicht vollkommen zu Hause ist, dass der Lebensstil, den man in seiner Bleibe entfalten will, nicht ungefährdet ist. Oft reicht für die Eskalation aber bereits die Tatsache aus, dass ein Nachbar anders lebt, sich anders verhält oder einfach nur da ist. In unseren Nachbarschaftskonflikten wird so ein Mangel an Streitkultur sichtbar: Die Akteure sprechen ihrem Widersacher das Recht auf Anwesenheit und Ausdruck ab, anstatt ihre abweichenden Erwartungen an das Leben unter einem Dach kommunikativ zu bearbeiten. Dies führt in einen Abgrund, der die Aussicht auf eine friedliche Beilegung und eine Koexistenz im Haus versperrt.

Wir haben in den Fallgeschichten Varianten dieses Mangels kennengelernt. Im Kapitel *Überblendung: Der Film im Kopf* betrachteten wir Beispiele projektiver Identifizierungen, durch die fremde Menschen zu Gegnern werden. Der Hassende findet im Widersacher, was im Eigenen nicht sein darf. Das Kapitel *Oben und unten: Der soziale Abgleich* stellte uns Menschen vor, die ihren Nachbarn unter dem Vorzeichen von Übelwollen und Missgunst begegnen. Für sie ist es selbstverständlich, Mitmenschen in Begriffen der Hierarchie zu taxieren, die soziale Differenz zu vertiefen und sich so der eigenen Überlegenheit zu versichern. Das Kapitel *Betreten verboten* zeigte Konflikte, in denen Nachbarn ein Level der Akzeptanz verweigert wird, auf dem sie überhaupt erst Mitspieler werden könnten. Die Etablierten arbeiten hart daran, dem Außenseiter den Zugang zu einem sozialen Innenraum zu verweigern, der erst Teilhabe ermöglicht. Die Ausgesperrten erleben dabei eine Kälte, die sie spüren lässt, dass sie selbst schuld seien. Das Kapitel *Devianz: Der ge-*

störte Nachbar wies uns auf die Dünnhäutigkeit gegenüber Nachbarn mit deviantem Verhalten hin. Wohnhäuser bieten dann keinen Platz mehr, an den sich gestörte Menschen von den Zumutungen des öffentlichen Lebens zurückziehen könnten – im Wissen, zumindest zu Hause Geborgenheit und Akzeptanz zu finden. Stattdessen ist dort der Anpassungsdruck am höchsten, wo Menschen am wenigsten dazu in der Lage sind. Was geschieht, wenn Nachbarn auf Störquellen reduziert werden, zeigte uns das Kapitel *Störungsexperten*. Nur undeutlich nehmen diese wahr, dass sich hinter dem Verhalten ihrer Nachbarn jeweils Personen mit gleichwertigen Interessen und Ansprüchen verbergen. Sie nehmen nicht hin, dass das Leben in einem Haus notwendigerweise immer auch ein Beieinander ist. Ihre Regelorientiertheit abstrahiert vom Nachbarn die Lebendigkeit. Das Nebeneinander erstarrt in Kategorien von richtig und falsch.

Abscheu und Demütigung, das Aussperren von Fremden und Anderen und die projektive Modellierung von Mitmenschen zu Widersachern – das sind Mechanismen, die natürlich nicht nur in nachbarschaftlichen Beziehungen wirksam sind. Sie sind weit verbreitete Barrieren, die den Zugang zu einem kooperativen Miteinander versperren. Aber gerade das Quartier und das Wohnhaus könnten Orte sein, um Solidarität und Mitgefühl zu kultivieren. Eine gute Nachbarschaft wäre dann mehr als eine friedhöfliche Koexistenz.

Nachbarn könnten sich im Raum der Nachbarschaft einander zuwenden und öffnen, sich zur Erfahrung von Fremdem und Irritierendem bereitfinden und so die Nachbarschaft mit Leben füllen. Leider zu selten geschieht dies auch: Manche Bewohnerinnen und Bewohner unterstützen die Pflege ihres kranken Nachbarn, machen sich Sorgen um die alte Dame, die schon länger nicht mehr zu sehen war, kümmern sich um die Kinder der berufstätigen und alleinerziehenden Nachbarin, ertragen geduldig die Schreie und das nächtliche Klingeln des Nachbarn mit Demenz oder plaudern entspannt miteinander über Gott und die Welt.[52]

Treten die Nachbarn in eine solche wechselseitige Zugewandtheit ein – die Hartmut Rosa Resonanz nennt –, dann wäre die Nachbarschaft dafür der Resonanzraum:

52 Es bliebe einem anderen Buch vorbehalten, Geschichten gelungener Nachbarschaften zu erzählen.

> »Resonanz [beschreibt] einen Modus des *In-der-Welt-Seins*, das heißt eine spezifische Art und Weise des In-Beziehung-Tretens zwischen Subjekt und Welt [...]. Als Kernmoment lässt sich dabei die Idee isolieren, dass sich die beiden Entitäten der Beziehung in einem schwingungsfähigen Medium (oder Resonanzraum) wechselseitig so berühren, dass sie als *aufeinander antwortend*, zugleich aber auch *mit eigener Stimme sprechend*, also als ›zurück-tönend‹ begriffen werden können« (Rosa, 2016, S. 285).

Das ist keine Frage von Höflichkeit oder Stil, sondern hier entscheidet sich ebenso wie am Arbeitsplatz, im Verein, auf dem Spielplatz und dem Elternabend, im Seniorenzentrum oder in digitalen Räumen, ob Menschen zur Kooperation fähig sind. Hochmut, Engstirnigkeit und eine Häme, die sich als rhetorische Schärfe tarnt, verstellen die Chance auf ein Miteinander gerade auch dann, wenn Menschen einander brauchen. Denn unsere Wirtschafts- und Sozialordnung sowie die Wechselfälle des Lebens erzeugen massenhaft Notlagen, die nicht immer an Angehörige oder den Staat adressiert werden können.

Neulich fuhr ich mit dem Fahrrad durch mehrere Wohnquartiere, in denen ich früher als Konflikt- und Sozialberater arbeitete. Durch meine Besuche bei den Mieterinnen und Mietern weiß ich, was hinter den Fassaden noch so alles los ist: Einsamkeit, Angst, Armut, Konflikte in Familien und mit Nachbarn. In mindestens jedem zweiten Haus, an dem ich vorbeifuhr, gab es über die Jahre meiner Arbeit ernsthafte Probleme. Dabei durchquerte ich auf meinem Ausflug nur »gepflegte«, »bürgerliche« Viertel, denen das innere Elend nicht anzusehen ist. Ich stellte mir vor, die Fassaden wären durchsichtig und ich könnte den Mann sehen, der seiner Frau den Mund zuhält, während er sie verprügelt, damit die Nachbarn nicht die Schreie hören. Ich sehe auch den Mann, der seine Fäkalien so geschickt im Treppenhaus verspritzt, dass der Reinigungsdienst Stunden benötigt. Und ich hätte die junge Frau rechtzeitig sehen wollen, die einsam ihr Baby zur Welt brachte, bevor sie es in den Müllcontainer warf.

Literatur

Adorno, T.W., Frenkel-Brunswick, E., Levinson, D.J. & Sanford, R.N. (1950). *The authoritarian personality*. Harper.

Adorno, T.W. (1955). *Schuld und Abwehr. Eine qualitative Analyse zum Gruppenexperiment*. In *Gesammelte Schriften, Bd. 9.2*. Suhrkamp.

Allport, G.W. (1971). *Die Natur des Vorurteils*. Kiepenhauer & Witsch.

Bahrdt, H.-P. (1961). *Die moderne Großstadt*. Rowohlt.

Beck, U. (1995). *Die feindlose Demokratie*. Reclam.

Benjamin, W. (2013). *Das Kunstwerk im Zeitalter seiner technischen Reproduzierbarkeit*. In *Werke und Nachlaß. Kritische Gesamtausgabe, Bd. 16*. Suhrkamp.

Besemer, C. (1999). *Mediation. Vermittlung in Konflikten*. Werkstatt für gewaltfreie Aktion.

Biella, B. (1998). Ein Denkweg an den anderen Anfang des Wohnens. Eine Interpretation von Heideggers Vortrag Bauen Wohnen Denken. Wolkenkuckucksheim. *Internationale Zeitschrift zur Theorie der Architektur, 3*(2). https://www.cloud-cuckoo.net/openarchive/wolke/deu/Themen/982/Biella/biella_t.html

Billmann-Mahecha, E., Kochinka, A., Kölbl, C., Montau, R. & Straub, J. (2005). Vorwort. *Handlung Kultur Interpretation. Zeitschrift für Sozial- und Kulturwissenschaften, 14*(1), 5.

Binspinck, R. & Kuster, J. (2014). Wenn Wohnungen unbewohnbar werden. *Blickpunkt öffentliche Gesundheit, 4*, 4–5.

Boesch, E.E. (1998). *Sehnsucht: Von der Suche nach Glück und Sinn*. Hogrefe.

Bourdieu, P. (2020). *Die feinen Unterschiede*. Suhrkamp.

Breuer, F. (2009). *Reflexive Grounded Theory. Eine Einführung für die Forschungspraxis*. Verlag für Sozialwissenschaften.

Commins, B. & Lockwood, J. (1979). The effects of status differences, favoured treatment and equity of intergroup comparisons. *European Journal of Social Psychology, 9*, 281–289.

Davey, A. (1983). *Learning to be prejudiced*. Edward Arnold.

Deym-Soden, B. (2004). (Inter)kulturelle Mediation. In P. Geißler (Hrsg.), *Mediation. Theorie und Praxis* (S. 97–164). Psychosozial-Verlag.

Diaz-Bone, R. (2003). Milieumodelle und Milieuinstrumente in der Marktforschung. *Sozialwissenschaften und Berufspraxis, 26*(4), 365–380.

Duss-von Werdt, J. (2005). *Homo Mediator. Geschichte und Menschenbild der Mediation*. Klett-Cotta.

Elias, N. & Scotson, J.L. (1993). *Etablierte und Außenseiter*. Suhrkamp.

Etzioni, A. (1998). *Die Entdeckung des Gemeinwesens. Das Programm des Kommunitarismus*. Schäffer-Poeschel.

Fisher, R., Ury, W. & Patton, B. (1984). *Das Harvard-Konzept*. Campus.
Freud, S. (1974). *Kulturtheoretische Schriften*. Fischer.
Fromm, E. (1972 [1970]). Die Furcht vor der Freiheit. *Zeitschrift für psychosomatische Medizin, 18*, 171–191.
GdW [Bundesverband deutscher Wohnungsunternehmen e.V.] (1998). *Überforderte Nachbarschaften. Zwei sozialwissenschaftliche Studien über Wohnquartiere in den alten und den neuen Bundesländern*. GdW.
Goffman, E. (1973). *Asyle. Über die soziale Situation psychiatrischer Patienten und anderer Insassen*. Suhrkamp.
Habermas, T. (1999). *Geliebte Objekte. Symbole und Instrumente der Identitätsbildung*. Suhrkamp.
Häußermann, H. & Siebel, W. (2003). Segregation und Integration. *Kulturpolitische Mitteilungen, 100*(1), 68–71.
Hamm, B. (1973). *Betrifft: Nachbarschaft. Verständigung über Inhalt und Gebrauch eines vieldeutigen Begriffs*. Bertelsmann.
Heberle, R. (1959). Das normative Element in der Nachbarschaft. *Kölner Zeitschrift für Soziologie uns Sozialpsychologie, 11*(2), 181–197.
Horkheimer, M. & Adorno, T.W. (1986). *Dialektik der Aufklärung. Philosophische Fragmente*. Fischer.
Jaeggi, U. (1965). *Berggemeinden im Wandel*. Haupt.
Jervis, G. (1980). *Kritisches Handbuch der Psychiatrie*. Syndikat.
Kernberg, O. (1979). *Borderline-Störungen und pathologischer Narzißmus*. Suhrkamp.
Klages, H. (1968). *Der Nachbarschaftsgedanke und die nachbarliche Wirklichkeit in der Großstadt*. Kohlhammer.
König, R. (Hrsg.). (1966). *Soziologie der Gemeinde*. Opladen.
Kuhl, J. (o.J.). Eine neue Persönlichkeitstheorie. https://scbc8d7e1cb38b7c1.jimcontent.com /download/version/1552669290/module/11284415293/name/Eine%2520neue%2520 Persönlichkeitstheorie%2520PSI-Theorie-light%2520Julius%2520Kuhl-1.pdf
Laplanche, J. & Pontalis, J.-B. (1973). *Das Vokabular der Psychoanalyse*. Suhrkamp.
Lendvai, P. (1972). *Antisemitismus ohne Juden*. Europaverlag.
Levinas, E. (1993). *Totalität und Unendlichkeit. Versuch über die Exteriorität*. Karl Alber.
Liebsch, B. (1999). *Moralische Spielräume. Menschheit und Anderheit, Zugehörigkeit und Identität*. Wallstein.
Manemann, J. (2015). Nachbarschaft und Feindschaft. Über die Gefahr der Nähe. *FIPH Journal, 26*, 18–25.
Mentzos, S. (2003). Machtpolitische und psychosoziale »Funktionen« der Feindbilder. In W. Brüggen & M. Jäger (Hrsg.), *Brauchen wir Feinde? Feindbildproduktion nach dem 11. September 2001 in sozialpsychologischer und diskursanalytischer Sicht* (S. 63–82). Edition Freitag.
Mitscherlich, A. (1965). *Die Unwirtlichkeit unserer Städte. Anstiftung zum Unfrieden*. Suhrkamp.
Montada, L. & Kals, E. (2001). *Mediation. Lehrbuch für Psychologen und Juristen*. PVU.
Montau, R. (2005). Obdachlosigkeit und menschliche Würde: Zum Zusammenhang von Rückzug und Aufbruch. *Handlung Kultur Interpretation. Zeitschrift für Sozial- und Kulturwissenschaften, 14*(1), 30–47.
Montau, R. (2007). Interkulturelle Mediation und Konfliktlösung. In J. Straub, A. Weidemann & D. Weidemann (Hrsg.), *Handbuch interkulturelle Kommunikation und Kompetenz* (S. 793–799). Metzler.

Müller, A., Crosby, R.D., Frost, R.O. & Leidel, B. (2009). Fragebogen zum zwanghaften Horten (FZH). Validierung der deutschen Version des Saving Inventory-Revised. *Verhaltenstherapie, 19*(4), 243–250.

Ogden, T. (2006). *Frühe Formen des Erlebens*. Psychosozial-Verlag.

Pettigrew, T.F. & Tropp, L.R. (2000). Does intergroup contact reduce prejudice? Recent meta-analytical findings. In S. Oskamp (Hrsg.), *Reducing prejudice and discrimination* (S. 93–114). Psychological Press.

Pohl, R. (2010). Der antisemitische Wahn. In W. Stender, G. Follert & M. Özdogan (Hrsg.), *Konstellationen des Antisemitismus. Antisemitismusforschung und sozialpädagogische Praxis* (S. 41–68). Verlag für Sozialwissenschaften.

Popitz, H. (1968). *Prozesse der Machtbildung*. Mohr.

Reemtsma, J.P. (2004). Nachbarschaft als Gewaltressource. *Mittelweg, 36*, 103–120.

Rosa, H. (2016). *Resonanz. Eine Soziologie der Weltbeziehung*. Suhrkamp.

Rosenberg, M.B. (2005). *Gewaltfreie Kommunikation*. Junfermann.

Schramkowski, B. (2005). Interkulturelle Mediation und die Anwendung der Methode im Gemeinwesen. In D. Busch & H. Schröder (Hrsg.), *Perspektiven interkultureller Mediation* (S. 81–108). Lang.

Sennett, R. (2000). *Der flexible Mensch. Die Kultur des neuen Kapitalismus*. Siedler.

Sennett, R. (2018). *Die offene Stadt. Eine Ethik des Bauens und des Bewohnens*. Hanser.

Sherif, M. (1966). *Group conflict and co-operation: Their social psychology*. Routledge & Kegan Paul.

Siebel, W. (2015). Nachbarschaft. *FIPH Journal, 26*, 11–17.

Simmel, G. (1992). *Soziologie. Untersuchungen über die Formen der Vergesellschaftung. Gesamtausgabe, Bd. 11*. Suhrkamp.

Straub, J. (2019). *Die Macht negativer Affekte. Identität, kulturelle Unterschiede, interkulturelle Kompetenz*. Psychosozial-Verlag.

Statista (o.J.). Ursachen von Überschuldung in Deutschland im Jahr 2021. https://de.statista.com/statistik/daten/studie/75446/umfrage/ursachen-von-verschuldung-in-deutschland-in-2008

Statistische Ämter des Bundes und der Länder (2014). Gebäude- und Wohnungsbestand. Erste Ergebnisse der Gebäude- und Wohnungszählung 2011. https://www.statistik.rlp.de/fileadmin/dokumente/gemeinschaftsveroeff/zen/Zensus_GWZ_2014.pdf

Tajfel, H. (1982). *Gruppenkonflikt und Vorurteil. Entstehung und Funktion von Stereotypen*. Hans Huber.

Wandrey, M. (2004). »Treffen sich zwei Mediatoren …« Fallverstehen in der Mediation. In G. Mehta & K. Rückert (Hrsg.), *Streiten Kulturen? Konzepte und Methoden einer kultursensitiven Mediation* (S. 99–118). Springer.

Watzlawick, P. (1983). *Anleitung zum Unglücklichsein*. Piper.

Weber, M. (1922). *Wirtschaft und Gesellschaft*. Zweiter Teil: Typen der Vergemeinschaftung und Vergesellschaftung. www.textlog.de/7772

Welsch, W. (1997). *Unsere postmoderne Moderne*. Akademie.

White, H. (2008). *Metahistory. Die historische Einbildungskraft im 19. Jahrhundert in Europa*. Fischer.

Willen, L. (2005). Annäherungen ans Quartier, Vortrag im Rahmen einer Projektwerkstatt des Bundesinstitut für Bau-, Stadt- und Raumforschung. https://wie-geht-quartier.de/wissen/was-ist-quartier/begriff-quartier

Klaus Obermeyer, Harald Pühl (Hg.)

Die innere Arbeit des Beraters

Organisationsberatung zwischen Befangenheit und Bewegungsfreiheit

2016 · 190 Seiten · Broschur
ISBN 978-3-8379-2636-1

»Der innere Prozess ist nie ohne Weltbezug. Die Abgrenzung von innen und außen wird obsolet, wenn wir das innere Selbst als eine innere Wirklichkeit betrachten, die sich das Subjekt in Auseinandersetzungen mit der Welt selbst schafft.«

Klaus Obermeyer & Harald Pühl

BeraterInnen in arbeitsweltlichen Kontexten brauchen Theorien und das richtige Handwerkszeug, um die im Beratungsprozess auftretenden Widerstände und Verwicklungen zu verstehen und ihren eigenen Anteil am Zustandekommen solcher Komplikationen zu erkennen. In sehr persönlich geschilderten Fallbeispielen aus unterschiedlichen Beratungsfeldern sowie mit theoretisch akzentuierten Beiträgen zeigen die BeiträgerInnen Strategien auf, wie die interaktionelle Dynamik in Beratungsprozessen reflektiert und in nutzbringende Bahnen gelenkt werden kann.

Sowohl in systemtheoretischer als auch in interaktionell-psychoanalytischer Perspektive ist die Subjektivität der BeraterInnen mit ihren habituellen, bewussten und unbewussten Aspekten ein prozessgestaltender Teil des Beratungssystems. Beratung wird somit konsequent als Beziehungsgeschehen gedacht, dessen Gelingen maßgeblich von den selbstreflexiven Kompetenzen der BeraterInnen abhängt. Es wird ein Blick auf die besondere Verantwortung von BeraterInnen gelegt, ihre eigenen blinden Flecken zu ergründen und auf diese Weise wieder Dynamik und Entwicklung in festgefahrenen Beratungsprozessen zu ermöglichen.